MEDO

Osho

MEDO

Entenda e Aceite as Inseguranças da Vida

Tradução
Denise de Carvalho Rocha

Editora Cultrix
SÃO PAULO

Título original: *Fear – Understanding and Accepting the Insecurities of Life.*
Copyright © 2017 Osho International Foundation, Suíça, www.osho.com/copyrights.
Copyright da edição brasileira © 2017 Editora Pensamento-Cultrix Ltda.
Texto de acordo com as novas regras ortográficas da língua portuguesa.
1ª edição 2017.
4ª reimpressão 2022.

O material que compõe este livro foi selecionado a partir de várias palestras dadas por Osho a uma plateia ao vivo. Todas as palestras de Osho foram publicadas na íntegra em forma de livro e também estão disponíveis em gravações originais. As gravações e os arquivos de textos completos podem ser encontrados na OSHO Library, em www.osho.com.

Todos os direitos reservados. Nenhuma parte deste livro pode ser reproduzida ou usada de qualquer forma ou por qualquer meio, eletrônico ou mecânico, inclusive fotocópias, gravações ou sistema de armazenamento em banco de dados, sem permissão por escrito exceto nos casos de trechos curtos citados em resenhas críticas ou artigos de revistas.

OSHO é uma marca registrada da Osho International Foundation, usada com a devida permissão e licença.

Quaisquer fotos, imagens ou arte final de Osho, pertencentes à Osho Foundation ou vinculadas a ela por copyright e fornecidas aos editores pela OIF, devem conter uma permissão explícita da Osho Foundation para seu uso.

A Editora Cultrix não se responsabiliza por eventuais mudanças ocorridas nos endereços convencionais ou eletrônicos citados neste livro.

Editor: Adilson Silva Ramachandra
Editora de texto: Denise de Carvalho Rocha
Gerente editorial: Roseli de S. Ferraz
Produção editorial: Indiara Faria Kayo
Editoração eletrônica: Join Bureau
Revisão: Vivian Miwa Matsushita

Dados Internacionais de Catalogação na Publicação (CIP)
(Câmara Brasileira do Livro, SP, Brasil)

Osho, 1931-1990.
    Medo: entenda e aceita as inseguranças da vida / Osho; tradução Denise de Carvalho Rocha. – São Paulo: Editora Cultrix, 2017.

    Título original: Fear: understanding and accepting the insecurities of life
    ISBN 978-85-316-1389-0

    1. Autoajuda – Aspectos religiosos 2. Desenvolvimento pessoal 3. Espiritualidade 4. Insegurança 5. Medo 6. Osho – Ensinamentos I. Título.

17-02039   CDD-299.93

Índices para catálogo sistemático:

1. Medo: Ensinamentos de Osho: Religiões de natureza universal   299.93

Direitos de tradução para o Brasil adquiridos com exclusividade pela
EDITORA PENSAMENTO-CULTRIX LTDA., que se reserva a
propriedade literária desta tradução.
Rua Dr. Mário Vicente, 368 – 04270-000 – São Paulo – SP
Fone: (11) 2066-9000
http://www.editorapensamento.com.br
E-mail: atendimento@editorapensamento.com.br
Foi feito o depósito legal.

Mergulhe no seu medo.
Silenciosamente, mergulhe dentro dele, até chegar ao fundo.
E às vezes pode acontecer de ele nem ser tão profundo.

Uma história zen:
Um homem que caminhava à noite por uma trilha pedregosa escorregou e caiu. Com medo de despencar centenas de metros, porque sabia que a trilha ficava à beira de um precipício, ele se agarrou a um galho que pendia da borda. Na escuridão da noite, tudo o que podia ver era um abismo profundo. Ele gritou e ouviu o eco da própria voz – não havia ninguém que pudesse ouvi-lo. Imagine esse homem e a noite torturante que teve! O tempo todo a morte espreitando do abismo, as mãos dele endurecendo de frio, não suportando mais segurar o galho... Mas ele continuou firme ali, sem soltá-lo, e quando o sol nasceu... ele caiu na risada! Não havia abismo nenhum! A dez centímetros de onde estava havia uma plataforma de pedra. Ele poderia ter descansado a noite toda, dormido bem – o platô era largo o suficiente –, mas, em vez disso, a noite toda foi um pesadelo.

Por experiência própria, eu posso dizer:
O medo não tem mais do que dez centímetros de profundidade. Você é quem sabe se quer ficar agarrado a um galho e transformar a vida inteira num pesadelo ou se vai preferir largar o galho e cair de pé.
Não há nada a temer.

Sumário

1. **Entenda o medo em si** 9
   De onde o medo vem? Para onde ele vai? 16
   Enterrado vivo 22
   Tanto a fazer e tão pouco tempo 30
   Compreensão é a chave 38
   Insegurança divina 44

2. **Morrer de medo – Investigue as raízes do medo** 47
   Realidades do Oriente e do Ocidente 67
   Psicológico *versus* Físico 83
   Conhecido *versus* Desconhecido 96
   Medo da vida 108

3. Incerto e desconhecido – O mistério da confiança 115
Do conhecimento à inocência 119
Confie na voz interior 122
Siga o caminho do amor 129
Afogue-se no nada 140
A prisão do eu 146

4. Faça amor, não faça medo – Confie em si mesmo e nos outros 157
O medo da intimidade 162
Medo de si mesmo 169
O outro lado do amor 175

5. Encontre um caminho para o destemor: ideias e meditações 185
Sem fugir 189
Autoconsciência ou autopercepção? 190
Com medo de ser silencioso 192
Seja o que for que o assuste, encare de frente 195
Cuidado com os dois extremos 197
Não tenha pressa 198
Não faça do destemor uma meta 200
Medo de expirar 203
Se o medo surgir, aceite-o 206
Nada a perder 210
A alegria é o antídoto 213

1

Entenda o medo em si

O medo é tão insubstancial quanto a sua sombra, mas ele existe. A sombra também existe. Insubstancial, negativa, mas existencial. E às vezes a sombra pode ter um grande impacto sobre você. Numa selva, quando a noite se aproxima, você pode se assustar com a sua própria sombra. Num lugar deserto, numa estrada solitária, você pode sair em disparada por causa da sua sombra. A sua corrida será real, sua fuga será real, mas a causa será insubstancial.

Você pode fugir de uma corda achando que é uma cobra. Se você voltar e olhar de perto, vai rir da idiotice da coisa toda. Mas as pessoas têm medo de ir a lugares onde existe o medo. As pessoas têm mais medo do medo do que de qualquer outra coisa, porque a própria existência do medo abala os seus alicerces.

O abalo dos alicerces é muito real, lembre-se. O medo é como um sonho, um pesadelo, mas, mesmo depois do pesadelo, quando você já está acordado, os sintomas ainda persistem, a ressaca persiste. Sua respiração está entrecortada, você está suando, seu corpo ainda está tremendo, está quente. Agora você sabe que foi apenas um pesadelo, um sonho, insubstancial, mas até esse conhecimento vai levar tempo para penetrar no âmago do seu ser. Enquanto isso, o efeito do sonho insubstancial continuará. O medo é um pesadelo.

Do que é feito o medo? O medo é feito da ignorância do próprio ser. Existe apenas um medo; ele se manifesta de muitas maneiras, existem mil e uma manifestações, mas, basicamente, o medo é um só: o medo de que "lá no fundo, eu possa não existir". E de certa forma é verdade, você não existe. A divindade existe, você não. O anfitrião não existe, o hóspede é que existe. E como você está desconfiado e sua suspeita é válida, você não olha para dentro. Continua fingindo que você existe; você sabe que, se olhar lá dentro, vai ver que você não existe! Essa é uma compreensão profunda, tácita. Não é intelectual, é existencial; ela está em suas próprias entranhas, a sensação de que "eu posso não existir. É melhor não olhar para dentro. Continuar olhando para fora". Pelo menos isso mantém você no engano, mantém intacta a ilusão de que "eu existo". Mas como esse sentimento da sua existência é falso, ele causa medo. Você sabe que

Do que é feito o medo? O medo é feito da ignorância do próprio ser.

qualquer coisa pode destruí-lo, qualquer encontro profundo pode abalá-lo. Ele pode ser abalado pelo amor, pode ser abalado por uma doença grave, pode ser abalado ao ver alguém morrer. Ele pode ser abalado de muitas maneiras, ele é muito frágil. Você o está de alguma forma manipulando-o, ao não olhar para dentro.

Mulá Nasrudin estava viajando de trem. O cobrador chegou pedindo a passagem. Nasrudin olhou em todos os bolsos, em todas as malas, e não encontrou. Já estava suando e ficando cada vez mais nervoso. E então o cobrador sugeriu:

— Senhor, ainda não olhou num dos seus bolsos. Por que não olha dentro dele?

Mulá Nasrudin respondeu:

— Por favor, nem me fale nesse bolso! Não vou olhar dentro dele. É a minha última esperança! Se eu olhar nesse bolso e não encontrar a passagem, então é porque a perdi e não tenho mais onde procurar. Não posso olhar nesse bolso. Posso olhar em qualquer lugar, mas esse bolso é a minha segurança, ainda espero que a passagem possa estar dentro dele. Eu o deixei de lado de propósito, não vou nem tocar nele. Encontre ou não a passagem, não vou olhar nesse bolso!

Esta é a situação do ego também. Você não olha para dentro, porque essa é a sua última esperança: "Quem sabe, talvez ele esteja lá". Mas, se olhar, a sua intuição diz que ele não está.

Esse falso ego, que você criou por não olhar para dentro, por olhar continuamente para fora, é a causa do medo. Você vai ter medo de todos esses espaços em que tem de olhar. Você vai ter medo da beleza, porque a beleza simplesmente atira você dentro de si. Um belo pôr do sol, e todas aquelas cores luminosas nas nuvens, e você vai ter medo de olhar para ele porque essa grande beleza certamente vai fazê-lo se voltar para dentro. Uma beleza tão grande interrompe o seu pensamento; por um instante a mente fica tão embevecida que se esquece de como pensar, de como continuar remoendo os pensamentos. A conversa interior se detém, se interrompe num solavanco, e de repente você mergulha dentro de si.

As pessoas têm medo da boa música, as pessoas têm medo de uma grande poesia, as pessoas têm medo da intimidade profunda. Os casos de amor são apenas casos passageiros. Os amantes não se aprofundam um no outro, porque, se fizerem isso, o medo aparece, o poço existencial da outra pessoa irá refletir o seu. Nesse poço, nesse espelho do ser do outro, se você não se encontrar, se o espelho permanecer vazio, se ele não refletir nada, então como vai ser?

As pessoas têm medo do amor. Elas só fingem, só continuam fazendo joguinhos em nome do amor. Têm medo da meditação; mesmo em nome da meditação, no máximo vão praticar novas formas de pensar. Isso é que é a Meditação Transcendental do yogi Maharishi Mahesh. Não é nem meditação nem transcendental, é simplesmente entoar um mantra. E entoar um mantra não é nada mais que um processo de pensamento, é pensamento concentrado. É mais um novo dispositivo, um dispositivo para não meditar. As pessoas estão repetindo orações cristãs, orações muçulmanas, orações hindus... Todas elas são maneiras de evitar a meditação. Elas não são meditações, lembre-se. A mente é tão astuta que, em nome da meditação, criou muitos fenômenos falsos.

Meditação é quando você não está fazendo nada, quando a mente não está em ação. Essa imobilidade da mente é meditação. Não há nenhum cântico, nenhum mantra, nenhuma imagem, nenhuma concentração. A pessoa simplesmente existe. Nesse existir, o ego desaparece, e com o ego a sombra do ego desaparece.

Essa sombra é o medo.

O medo é um dos problemas mais importantes deste mundo. Todo ser humano tem que passar por ele e tem de chegar a uma certa compreensão do assunto. O ego causa o medo de que um dia você possa morrer. Você continua enganando a si mesmo, dizendo que a morte só acontece aos outros, e de certa forma você está certo: um vizinho morre, um parente morre, um amigo morre, sua esposa morre, sua mãe morre, sempre acontece com outra pessoa, nunca com você. Você pode se esconder por trás disso. Talvez você seja uma exceção, não vá morrer. O ego está tentando protegê-lo. Mas cada vez que alguém morre, algo em você se desestabiliza. Cada morte é uma pequena morte para você. Nunca mande ninguém perguntar por quem os sinos dobram, eles dobram por ti. Cada morte é a sua própria morte. Mesmo quando uma folha seca cai da árvore, trata-se da sua morte. Por isso continuamos nos protegendo.

Alguém está morrendo e ficamos batendo papo sobre a imortalidade da alma. A folha está caindo da árvore e dizemos "Não há nada com que se preocupar. Logo a primavera virá e a árvore terá outra folhagem. É apenas uma mudança, só a roupagem está se alterando".

As pessoas acreditam na imortalidade da alma não porque *sabem* que ela existe, mas porque têm medo. Quanto mais covarde uma pessoa é maior é a possibilidade de ela acreditar na imortalidade da alma. Não que seja religiosa, ela é simplesmente covarde. A crença na imortalidade da alma não tem nada a ver com religião. A pessoa religiosa sabe que "eu não existo" e, então, tudo o que resta é imortal, mas não tem nada a ver "comigo". Esse "comigo" não é imortal, esse "eu" não é imortal. Esse "eu" é apenas temporário; ele é fabricado por nós.

> As pessoas acreditam na imortalidade da alma não porque *sabem* que ela existe, mas porque têm medo.

O medo é a sombra do "eu". E como o "eu" está sempre alerta de que em algum lugar lá no fundo terá de desaparecer na morte... O medo básico é a morte; todos os outros medos refletem apenas o básico. E a beleza é que a morte é tão "não existencial" quanto o ego. Assim, entre essas duas coisas "não existenciais", o ego e a morte, a ponte é o medo.

O próprio medo é impotente, não tem poder nenhum. É só que você quer acreditar nele – é só esse o poder que ele tem. Você não está pronto para dar um mergulho nas profundezas do seu ser e enfrentar o seu vazio interior, esse é o poder dele. Se não fosse isso, ele seria impotente, completamente impotente. Nada jamais nasce do medo. O amor dá a luz, o amor é criativo; o medo é impotente. Nunca criou nada. Ele não pode criar nada, porque não tem substância. Mas ele pode destruir toda a sua vida, ele pode cercá-la como uma nuvem escura, pode drenar todas as suas energias. Ele não permitirá que você mergulhe em nenhuma experiência profunda de beleza, poesia, amor, alegria, celebração, meditação. Não, ele vai mantê-lo apenas na superfície, porque ele só pode existir na superfície. Ele é uma marola na superfície.

Mergulhe em si mesmo, olhe lá no fundo... e se estiver vazio, qual o problema? Isso só indica que essa é a nossa natureza, é o que somos. Por que deveríamos nos preocupar com o vazio? O vazio é tão bonito quanto o céu. Seu ser interior não é nada além que um céu interior. O céu é vazio, mas é o céu vazio que sustenta tudo, toda a existência, o sol, a lua, as estrelas, a terra, os planetas. É o céu vazio que dá espaço a tudo que existe. É o céu vazio que é o pano de fundo de toda existência. As coisas vêm e vão e o céu permanece o mesmo.

O amor é criativo; o medo é impotente. Nunca criou nada.

Exatamente da mesma maneira, você tem um céu interior. Ele também está vazio. Nuvens vêm e se vão, planetas nascem e desaparecem, estrelas surgem e morrem, e o céu interior permanece o mesmo, intocado, puro, sem máculas. Nós chamamos esse céu interior de testemunha, observador, e esse é o objetivo da meditação.

Mergulhe dentro de si, aprecie o céu interior. Lembre-se, tudo o que você é capaz de ver, você não é. Você pode ver os pensamentos, então você não é os pensamentos; você pode ver seus sentimentos, então você não é os seus sentimentos; você pode ver seus sonhos, desejos, memórias, fantasias, projeções, então você não é essas coisas. Continue eliminando tudo o que você pode ver. Então um dia chega o momento crucial, o momento mais significativo da vida de uma pessoa, quando não há mais nada que rejeitar. Tudo que é visto desapareceu e só quem vê permanece. Esse ser que vê é o céu vazio.

Saber disso é viver sem medo, saber disso é estar cheio de amor. Saber disso é ser deus, é ser imortal.

De onde o medo vem? Para onde ele vai?
O medo me afeta de maneiras diferentes, desde um vago mal-estar ou um nó no estômago até um pânico vertiginoso, como se o mundo fosse acabar.
De onde o medo vem? Para onde ele vai?

Todos os seus medos são resultado da identificação.

Você ama uma pessoa e com o amor, no mesmo pacote, vem o medo. A pessoa pode abandoná-lo. Ela já deixou outro homem para ficar com você, então existe um precedente; talvez ela vá fazer o mesmo com você. Surge o medo, você sente um nó no estômago. Está tão apegado que não consegue entender um fato simples: você veio ao mundo sozinho. Você estava aqui ontem também, sem essa pessoa, e estava vivendo muito bem, sem nenhum nó no estômago. Amanhã, se essa pessoa se for... por que ter nó no estômago? Você já sabe como viver sem ela e será capaz de viver sozinho novamente.

O medo de que as coisas possam mudar amanhã... Alguém pode morrer, você pode ir à falência, pode perder o emprego, mil e uma coisas podem acontecer. Você está sobrecarregado de medos e temores, e nenhum deles é válido, porque ontem você também estava cheio de todos esses medos, desnecessariamente. As coisas podem ter mudado, mas você ainda está vivo. E as pessoas têm uma imensa capacidade de se ajustar a qualquer situação.

Dizem que só os seres humanos e as baratas têm essa enorme capacidade de adaptação. É por isso que onde quer que você encontre seres humanos vai encontrar baratas, e onde quer que você encontre baratas vai encontrar seres humanos. Eles andam juntos, eles têm uma similaridade. Mesmo em lugares distantes como o polo Norte ou o polo Sul, quando pessoas viajaram para esses lugares pela primeira vez, elas de repente descobriram que tinham levado baratas com elas, e essas baratas estavam perfeitamente saudáveis, vivas e se reproduzindo.

Se olhar ao redor da terra você vai ver: o ser humano enfrenta milhares de climas diferentes, situações geográficas, situações políticas, situações sociológicas, situações religiosas, mas ele consegue sobreviver. E ele vive há séculos... as coisas vão mudando, ele continua se adaptando.

Não há nada a temer. Mesmo se o mundo acabar, e daí? Você vai acabar junto com ele! Você acha que vai ficar numa ilha e o mundo todo vai acabar, deixando-o sozinho? Não se preocupe.

>
>
> Não há nada a temer. Mesmo se o mundo acabar, e daí? Você vai acabar junto com ele!

Pelo menos você terá baratas para lhe fazer companhia!

Qual o problema se o mundo acabar? As pessoas têm me perguntado sobre isso muitas vezes, mas qual é o problema? Se ele acabar, vai acabar e pronto. Isso não é nenhum problema, porque não vamos estar mais aqui; teremos acabado junto com ele, e não haverá ninguém com que se preocupar. Será realmente uma libertação total do medo. O fim do mundo significa o fim de todos os problemas, de toda perturbação, de todos os nós no estômago. Eu não vejo problema nenhum.

Mas sei que todo mundo está cheio de medo. Todo mundo tem uma espécie de armadura, e há razões para isso. Em primeiro lugar, a criança nasce completamente indefesa, num mundo do qual ela nada sabe. Naturalmente, ela tem medo do desconhecido que vai enfrentar. Ainda não esqueceu aqueles nove meses de absoluta segurança, quando não havia nenhum problema, nenhuma responsabilidade, nenhuma preocupação com o amanhã.

Para nós, são nove meses, mas para a criança é uma eternidade. Ela não sabe nada do calendário, não sabe nada de minutos, horas, dias, meses. Ele viveu uma eternidade em segurança absoluta, sem nenhuma responsabilidade, e então de repente é atirada num mundo desconhecido, onde depende dos outros para tudo. É natural que sinta medo. Todo mundo é maior e mais poderoso, e ela não pode viver sem a ajuda dos outros. Ela sabe que é dependente, que perdeu a sua independência, a sua liberdade.

A criança é fraca, vulnerável, insegura. Automaticamente ela começa a criar uma armadura, uma proteção para si mesma de diferentes maneiras. Por exemplo, ela tem que dormir sozinha. Está escuro e ela está com medo, mas tem seu ursinho de pelúcia e se convence de que não está sozinha, o amigo está com ela. Você vai ver crianças carregando seus ursinhos de pelúcia em aeroportos, estações ferroviárias. Você acha que é apenas um brinquedo? Para você é, mas para a criança é um amigo, e um amigo quando ninguém mais está presente para ajudá-la. Na escuridão da noite, sozinha na cama, o ursinho está com ela.

Ela vai criar ursos de pelúcia psicológicos. E lembre que, embora um homem adulto possa pensar que não tem ursinhos de pelúcia, está enganado. O que é o seu Deus? Apenas um urso de pelúcia. Por causa do seu medo de infância, o homem criou uma figura paterna que sabe tudo, que é todo-poderoso, que está presente em toda parte; se você tiver fé em Deus, ele vai protegê-lo, a própria ideia de que um protetor é necessário é infantil. Depois você aprende a rezar; essas são apenas partes da sua armadura psicológica, a oração é para lembrar a Deus que você está aqui, sozinho no meio da noite escura.

Nossas orações, cânticos, mantras, nossas escrituras, nossos deuses, nossos sacerdotes, são todos parte da nossa armadura psicológica. É muito sutil. Um cristão acredita que ele será salvo e mais ninguém. Ora, esse é seu mecanismo de defesa! Todo mundo vai para o inferno, exceto ele, porque ele é cristão. Mas toda religião acredita, da mesma forma, que só seus membros serão salvos. Não é uma questão de religião, é uma questão de medo e de ser salvo do medo. Por isso num certo sentido é natural, mas, num determinado ponto da sua maturidade, a inteligência exige que você descarte isso. Foi bom quando você era criança, mas um dia você tem que abandonar o seu ursinho de pelúcia. Por fim, no dia em que você deixar de lado toda a sua armadura, isso vai significar que você está vivendo sem medo. Que tipo de vida pode surgir do medo? Depois que a armadura for descartada, você pode viver do amor, pode viver com maturidade. A pessoa totalmente amadurecida não tem medo, nenhuma defesa; ela é psicologicamente aberta e vulnerável.

Numa certa altura, a armadura pode ser uma necessidade, talvez seja. Mas à medida que cresce, se você não estiver apenas ficando velho, mas também crescendo, crescendo em maturidade, então você vai começar a ver o que está carregando com você. Olhe atentamente e você vai encontrar o medo por trás de muitas coisas.

> Uma pessoa madura precisa se desligar de tudo que estiver ligado ao medo. É assim que a maturidade vem.

Uma pessoa madura precisa se desligar de tudo que estiver ligado ao medo. É assim que a maturidade vem.

Basta olhar todas as suas atitudes, todas as suas crenças, e descobrir se elas são baseadas na realidade, na experiência ou no medo. Qualquer coisa baseada no medo tem de ser descartada imediatamente, sem pensar duas vezes. É sua armadura.

Eu não posso derretê-la para você, posso simplesmente mostrar como você pode descartá-la. Sua armadura psicológica não pode ser retirada de você. Você vai lutar por ela. Só você pode fazer algo para descartá-la, e isso consiste em olhar para toda e cada parte dela. Se algo é baseado no medo, então descarte. Se for baseado na razão, na experiência, no entendimento, então não é algo a ser descartado, é algo para fazer parte do seu ser. Mas você não vai encontrar uma única coisa na sua armadura que seja baseada na experiência. Ela é inteira feita de medo, de cabo a rabo.

Vivemos sempre com medo, é por isso que envenenamos todas as outras experiências. Nós amamos alguém, mas, quando o nosso amor vem do medo, ele é deturpado, envenenado. Buscamos a verdade, mas, se essa busca é resultado do medo, então você não vai encontrá-la.

Faça o que fizer, lembre-se de uma coisa: com medo você não vai crescer. Só vai minguar e morrer. O medo está a serviço da morte.

Uma pessoa destemida tem tudo o que a vida quer dar a ela de presente. Não há mais nenhuma barreira. Ela vai ser coberta de presentes e, faça o que fizer, terá força, poder, uma certeza, um tremendo sentimento de autoridade.

Uma pessoa que vive com medo está sempre tremendo por dentro. Está continuamente a ponto de enlouquecer, porque a vida é grandiosa e, se você vive o tempo todo com medo... e existem medos de todos os tipos... Você pode fazer uma longa lista e

> O medo foi criado por você na infância, de maneira inconsciente; agora conscientemente descarte-o e amadureça.

ficará surpreso ao ver quantos medos existem – ainda assim você está vivo! Há infecções em todo lugar, doenças, perigos, sequestros, terroristas... e uma vida tão frágil! E, finalmente, existe a morte, que você não pode evitar. Se pensar nisso, toda a sua vida vai ficar sombria.

Descarte o medo. O medo foi criado por você na infância, de maneira inconsciente; agora conscientemente descarte-o e amadureça. Assim a vida pode ser uma luz que vai se aprofundando à medida que você vai crescendo.

Enterrado vivo

Eu sinto como se estivesse enterrado vivo sob o meu medo. E vejo agora que sempre tentei ser alguém "especial" para esconder esse medo, correndo mais e mais para longe de mim mesmo, até não saber mais o que significa ser verdadeiro. Por que sinto essa necessidade de me esconder atrás de máscaras? Por que tenho tanto medo assim?

O medo que você sente está enraizado em todo ser. Ele é inevitável, porque todo dia ficamos sabendo de alguém que morreu e sabemos que estamos na mesma fila. E sempre que alguém morre damos um passo à frente nessa fila, chegando mais perto da morte. Em breve estaremos na bilheteria, prontos para comprar a passagem para fora da existência.

O poeta está certo quando diz: "Não mande alguém perguntar por quem os sinos dobram, eles dobram por ti". Quando alguém morre, há uma antiga tradição: nas igrejas os sinos começam a tocar para avisar toda a aldeia de que "alguém morreu, venham de suas fazendas, seus jardins, seus pomares!". É um aviso de que alguém morreu e é preciso fazer a última despedida. Mas o poeta tem toda a razão: "Não mande ninguém perguntar por quem os sinos dobram, eles dobram sempre por ti". Sempre que alguém morre você é lembrado mais uma vez de que é um ser mortal, de que a morte pode se apossar de você a qualquer momento.

Se você for a fundo em qualquer medo, vai encontrar o medo da morte.

Esse é o medo básico; todos os outros medos são reflexos dele. Se você for a fundo em qualquer medo, vai encontrar o medo da morte.

Você está perguntando: "Eu sinto que estou enterrado vivo sob o meu medo". Todo mundo está na mesma situação. Você tem sorte de ter tomado consciência, porque, se tem consciência, pode sair disso. E, se não tem, então não há possibilidade de sair.

Você diz: "Eu sempre tentei ser alguém especial para esconder esse medo, correndo mais e mais para longe de mim mesmo até não saber mais o que significa ser verdadeiro".

Você acha que as pessoas que são especiais estão fazendo o quê? Os presidentes e os primeiros-ministros e os reis e rainhas, você acha que eles estão em outro barco? Basta olhar ao redor e você vai vê-los no mesmo barco. Estão todos tentando ser especiais na esperança de que, talvez assim, sendo especiais, a vida vá tratá-los de forma diferente da que trata as pessoas comuns. Certamente, ela não vai tratar o presidente de um país da mesma forma que trata um sapateiro!

Mas eles estão redondamente enganados. A vida não faz discriminações. Presidentes ou sapateiros, limpadores de banheiro ou primeiros-ministros, dá no mesmo quando se trata da vida. A morte abate a todos igualmente. A morte é o único comunista do mundo; ela não se importa se você tem dinheiro ou se é um mendigo, se você é instruído ou não. Você não pode dizer: "Espere aí, eu sou um erudito. Você não pode me tratar da mesma maneira que trata pessoas sem instrução! Espere aí... Eu sou uma pessoa especial, você não pode agir assim! Primeiro, me dê um aviso e eu vou pensar a respeito. Você tem que seguir um determinado procedimento que será decidido por mim". Se você é um membro respeitado da comunidade ou apenas um cão sem dono, não faz diferença; a morte chega e torna todo mundo igual.

Mas a esperança é que, se você for especial, a existência irá tratá-lo com um pouco mais de bondade, um pouco mais de compaixão. Ela vai pensar duas vezes: "O homem é ganhador do Prêmio Nobel, é preciso deixar que viva mais um pouco. O pobre homem é um grande artista, você não pode fazê-lo bater as botas como faz com todo mundo".

Esse é o desejo oculto, a esperança inconsciente, a razão por que todo mundo continua tentando ser especial. Mas é uma absoluta tolice e um total absurdo. Basta olhar para trás, o que aconteceu com os milhões de reis e milhões de rainhas que eram tão poderosos...

Diante da morte todo mundo é impotente.

Nas escrituras jainistas há uma história muito bonita. Na Índia, existe o mito de que, se um homem receber o título de conquistador do mundo, ele tem um nome especial. Não é um rei comum, nem mesmo um imperador. Ele é chamado de *chakravartin*. Isso significa que a roda da sua carruagem pode se mover ao redor da terra, para qualquer lugar, e ninguém pode impedi-lo. Ele é todo-poderoso, e o mito diz que no céu os *chakravartins* são tratados com especial deferência.

Existe uma montanha de ouro no céu... O Himalaia não passa de um brinquedinho em comparação com a montanha dourada do céu, chamada Sumeru. Somente os *chakravartins* têm o privilégio especial de gravar seu nome na Sumeru. E quando esse tal *chakravartin* morreu, ele estava tão animado... gravar o próprio nome na montanha de ouro do céu é o maior privilégio que qualquer ser humano pode alcançar!

Mas para que serve isso se você está lá sozinho para ver? Então esse homem decretou que toda a sua corte – sua rainha, seus amigos, seus generais – deveria se suicidar ao mesmo tempo, assim que ele morresse, para que todos chegassem juntos ao céu. Ele queria gravar seu nome na montanha de ouro, pois ninguém mais tinha feito isso antes. Mas gravar o nome sozinho, sem nem uma testemunha – que graça tinha?! Esse homem devia ser um grande exibicionista.

Por ordem dele, todos os seus amigos, suas rainhas, os membros da sua corte, seus generais, todos se suicidaram quando ele morreu e todos cruzaram os portais do céu ao mesmo tempo. O guardião do portal os deteve e disse:

– Deixem o *chakravartin* entrar sozinho primeiro e gravar seu nome na montanha.

Mas eles disseram:

– Nós nos suicidamos com um único propósito: queremos que o nosso *chakravartin* grave seu nome diante de todos nós. Suas rainhas estão aqui, seus generais estão aqui, seus sábios conselheiros estão aqui, seus ministros estão aqui... até sacrificamos nossa vida apenas para vê-lo gravar seu nome. Não podem nos impedir de entrar.

Mas o porteiro disse ao *chakravartin*:

– Ouçam o meu conselho, sou guardião há séculos e antes de mim, meu pai; e antes dele, meu avô. Este cargo é ocupado pela minha família desde o início dos tempos. E meus anciãos me disseram: "Nunca deixe que nenhum *chakravartin* vá até a montanha na frente de outras pessoas, porque ele vai se arrepender amargamente depois". Mas os *chakravartins* todos insistem... Você não é o primeiro que traz um exército inteiro consigo; quase todos os *chakravartin* fazem a mesma coisa. Por isso, eu simplesmente quero que você se lembre de que vai se arrepender se eu permitir que essas pessoas entrem com você. Não há problema, você tem tempo para pensar. Você é novo, não sabe como vai ser a experiência. Tenho visto muitos *chakravartins* indo e vindo e todos eles me agradecem depois e dizem: "Você foi muito gentil impedindo que todo mundo entrasse, me convencendo a entrar sozinho".

O *chakravartin* pensou: "O que vou fazer? Porque eu não sei o que vai realmente acontecer, e este homem parece verdadeiro e sincero e ele não tem nenhuma razão para me impedir sem necessidade... Talvez seja melhor ouvir seus conselhos". Então ele deteve todo mundo no portão, pegou os instrumentos com o guardião do portal para gravar seu nome no ouro e atravessou o umbral em direção à montanha. Ele mal pôde acreditar... tanta beleza! Até onde seus olhos alcançavam havia ouro e mais ouro – picos tão altos que o Himalaia, certamente, perto daquela montanha parecia um brinquedo.

Quando chegou mais perto do lugar onde gravaria seu nome, ficou chocado ao ver que não havia espaço! A montanha inteira estava assinada... Porque estamos aqui há uma eternidade! Milhões e milhões de *chakravartins* já morreram. Esse homem estava pensando: "Eu sou muito especial" e não havia nem um espacinho naquela imensa montanha!

Ele andou por ali e constatou que não havia espaço em nenhum lugar. Então se deparou com o guardião da montanha, que disse:

– Não desperdice o seu tempo. Mesmo que você procure por um milênio, não vai encontrar nenhum espaço vazio, já foi tudo preenchido. Por séculos eu tenho servido aqui. Meu pai serviu aqui; desde o início dos tempos, a minha família tem feito este trabalho. E eu ouvi dos meus antepassados a mesma história, que sempre que um *chakravartin* chegava, não havia espaço. Então, a única maneira é apagar um dos nomes e gravar o seu no lugar, e esquecer tudo sobre ser especial. Esta é uma vasta existência. É por isso que o guardião do portal impediu a entrada das pessoas que você trouxe; diante de todas aquelas pessoas você teria ficado com o orgulho ferido. Você pode simplesmente apagar outro nome, eu vou ajudar, estou aqui para isso.

Toda a alegria se foi, toda a emoção se foi, e o *chakravartin* disse ao homem:

– Isso significa apenas que alguém vai chegar amanhã e apagar o meu nome também.

O guardião da montanha disse:

– Isso, é claro, vai acontecer, porque do contrário não haveria mais espaço. Não podemos criar outra montanha, todo o ouro do céu foi usado nesta. Você simplesmente grava seu nome e, ao voltar ao portão, pode sair com a cabeça erguida e gabar-se disso. Ninguém vai saber, porque eu não vou contar a ninguém. Basta ir e vangloriar-se, dizendo que toda a montanha estava vazia.

Mas o *chakravartin* era um homem de certa integridade e honestidade. Ele disse:

– Isso eu não posso fazer. Nem posso apagar nenhum nome para abrir espaço para o meu. Não vou gravar meu nome, é total estupidez!

Ele voltou e disse ao guardião do portal:

– Sou grato a você e vou dizer ao meu povo pelo que sou grato. Vou espalhar a notícia pelo mundo, porque muitas dessas pessoas se suicidaram. Elas terão que nascer de novo, não podem ficar no céu. Vou me esforçar ao máximo para enviar a mensagem ao mundo: "Não desperdicem a sua vida tentando conquistar o mundo para gravar seu nome na montanha de ouro do céu. Não há espaço!

Primeiro você vai ter que apagar o nome de outra pessoa, o que é muito feio, e depois você terá que gravar o seu no lugar, e amanhã alguém vai apagar o seu nome. Tudo isso é uma enorme estupidez". Estou chocado, mas cheguei a uma grande constatação: ninguém deve querer ser especial, porque a existência não considera ninguém especial, superior ou inferior.

Seu medo está levando você a tentar ser especial, mas isso não vai mudar nada. A única maneira de descartar o medo é, em vez de desperdiçar a sua energia tentando ser especial, investi-la na tarefa de ser você mesmo. Apenas descubra-se, porque na tentativa de ser especial você está se afastando cada vez mais de si mesmo. O fato de você estar absolutamente consciente disso é bom! Quanto mais distante você estiver de si mesmo, mais longe estará de conhecer a verdade de que você é imortal, de que a morte não existe.

> Quanto mais distante você estiver de si mesmo, mais longe estará de conhecer a verdade de que você é imortal, de que a morte não existe.

Depois que você reconhece a sua imortalidade, a morte desaparece. E com a morte, todos os medos evaporam no ar. Mas você não se torna alguém especial.

Você vai continuar correndo para mais e mais longe de si mesmo em busca de algo que possa tirar o seu medo, a sua paranoia, a sua morte. Mas quanto mais longe você for, maior vai ser o medo, maior será a paranoia, mais opressora será a morte. É melhor ir para dentro de si e encontrar o seu ser verdadeiro.

Essa é uma lógica simples, uma aritmética simples: antes de procurar em qualquer outro lugar, procure dentro de si mesmo. O mundo é vasto, você se perderá nessa busca... Então, primeiro olhe dentro de si mesmo. Talvez o que você procura já esteja lá. E todos os seres iluminados do mundo estão absolutamente de acordo de que está de fato lá, sem exceção.

Essa é a única verdade científica que não tem exceção, que se mantém inalterada por mais que você retroceda no tempo. Você vai descobrir que aqueles que conheciam a si mesmos sempre a declararam, "Nós somos imortais; nós não morremos. A vida não tem fim".

Então, primeiro, vá para dentro. Basta um vislumbre da própria imortalidade e é como se você estivesse despertando de um pesadelo. Todo o medo desaparece e, em vez de medo, não vai existir nada além de pura felicidade, pura alegria, apenas flores com a fragrância da eternidade.

Tanto a fazer e tão pouco tempo
Estou consciente de toda ansiedade que tenho com relação ao tempo. Eu ouvi você dizer que a consciência do tempo causa frustração, mas eu me pergunto: existe alguma coisa dentro de nós que poderia ser chamado de "medo do tempo"?

Esse é o único medo que existe: o medo do tempo. O medo da morte é também o medo do tempo, porque a morte faz o tempo parar. Ninguém tem medo da morte. Como você pode ter medo de algo que não conhece? Como pode ter medo de algo absolutamente desconhecido, não familiar, estranho? O medo só pode existir com algo que é conhecido. Não, quando diz "Eu tenho medo da morte", você não tem medo da morte, você não sabe o que é a morte! Quem pode saber? A morte pode ser melhor do que a vida.

O medo não é da morte, o medo é do tempo.

Na Índia temos o mesmo termo para ambos. O tempo nós chamamos de *kala* e a morte também chamamos de *kala*. Temos um só termo tanto para a morte quanto para o tempo. Isso é significativo, a palavra *kala* é significativa, muito significativa, porque o tempo é a morte, e a morte nada mais é do que o tempo. A passagem do tempo significa que a vida está passando. O medo surge. No Ocidente, o medo é mais agudo, quase se tornou crônico. No Oriente, o medo não é tão grande, e a razão é que o Oriente acredita que a vida continua para todo o sempre. A morte não é o fim, esta vida não é a única vida, já houve milhares e milhares de vidas no passado e haverá outros milhares de vidas no futuro. Não há pressa. É por isso que o Oriente é preguiçoso: não há pressa! É por isso que, no Oriente, não existe a consciência do tempo. Alguém diz: "Eu irei às cinco horas em ponto", e a pessoa não chega. Ela não tem nenhum compromisso em relação ao tempo, e você fica esperando

A morte não é o fim, esta vida não é a única vida, já houve milhares e milhares de vidas no passado e haverá outros milhares de vidas no futuro.

e esperando, e ela chega com quatro, cinco horas de atraso e diz: "Qual o problema? Me atrasei e daí?"

Na perspectiva ocidental, o tempo é muito curto, porque o Cristianismo e o Judaísmo, ambos acreditam em apenas uma vida. Isso causou ansiedade. Existe apenas uma vida, setenta anos, no máximo! Um terço se perde no sono, se você vive sessenta anos, vinte anos se perdem durante o sono; vinte anos do que restou se perdem na escola, entre outras coisas. Os vinte anos restantes, com o trabalho, o emprego, a família, o casamento e o divórcio. E, se você fizer mesmo o cálculo, vai descobrir que não há tempo para viver! "Quando é que eu vou viver?" O medo oprime o coração e a vida está passando, o tempo está escapando por entre os seus dedos e a morte está chegando a todo momento, num ritmo constante. A qualquer momento ela pode bater na porta. E o tempo é irrecuperável, ele se vai para sempre.

Medo, ansiedade, neurose com relação ao tempo – tudo isso está se tornando crônico, é quase como se fosse uma segunda natureza da mente ocidental, continuamente alerta de que o tempo está se esvaindo, e com medo.

O medo é, basicamente, de que você ainda não tenha conseguido viver. E o tempo está passando e não pode ser recuperado, você não pode apagá-lo. Ele se foi para sempre. E todo dia a vida está diminuindo, tornando-se cada vez mais curta.

O medo não é da morte, o medo é do tempo. E se você olhar profundamente dentro dele, vai ver que o medo é da vida não vivida. Você não tem conseguido viver. Se você viver, então não há medo. Se a vida for de realização, não há medo. Se você a usufruiu, chegou ao auge do que ela pode dar, se a sua vida tem sido uma experiência orgásmica, uma poesia profunda vibrando dentro de você, uma canção, uma festa, uma cerimônia, e você viveu cada momento dela em sua totalidade, então não há medo do tempo, o medo desaparece. Você está pronto, mesmo que a morte chegue hoje, está pronto. Você conheceu a vida. Na verdade, vai dar as boas-vindas à morte, porque agora uma nova oportunidade se abre, uma nova porta, um novo mistério é revelado: Eu vivi a vida, agora a morte está batendo à porta. Vou saltar para abrir a porta. "Entre!" Porque a vida eu conheci, agora eu gostaria de conhecer a morte também.

E se você olhar profundamente dentro dele, vai ver que o medo é da vida não vivida.

Isso foi o que aconteceu com Sócrates quando ele estava morrendo. Seus discípulos começaram a chorar e isso é natural. Sócrates abriu os olhos e disse:

– Parem! O que estão fazendo? Por que estão chorando desse jeito? Eu vivi a vida e a vivi plenamente. Agora a morte está chegando e estou entusiasmado! Estou esperando com tanto amor e expectativa, com esperança! Uma nova porta se abre, a vida revela um novo mistério.

Alguém perguntou:

– Não está com medo?

Sócrates disse:

– Não vejo por que ter medo da morte; em primeiro lugar, não sei o que vai acontecer. E, em segundo lugar, só há duas possibilidades: ou vou sobreviver, então não há por que ter medo, ou não vou sobreviver, então também não há por que ter medo. Se eu não sobreviver, não há problema. Se eu não existir, não pode haver nenhum problema. E, se eu sobreviver como estou aqui agora, se a minha consciência sobreviver, não há problema, porque eu ainda existirei. Também havia problemas na vida. Eu os resolvi, por isso, se eu estiver lá e houver problemas, vou resolvê--los também. E é sempre uma alegria resolver um problema, é um desafio. Você olha o desafio e se atira nele e, quando o resolve, sente uma grande felicidade.

O medo da morte é o medo do tempo, e o medo do tempo é, lá no fundo, o medo de momentos não vividos, de uma vida não vivida.

Então o que fazer? Viva mais e viva mais intensamente. Viva perigosamente! É a sua vida, não a sacrifique porque algum tipo de loucura foi ensinada a você. É a sua vida, viva-a. Não a sacrifique por causa de palavras, teorias, países, política. Não a sacrifique por ninguém.

Há muitos que são uns carniceiros; eles querem se apossar de você. E eles têm incutido condicionamentos em você: "Sua nação está em perigo. Morram por ela!" Loucura absoluta! "Sua religião está em perigo. Morram por ela!" Bobagem! É a sua vida, vá vivê-la! Não morra por nenhuma outra coisa, morra apenas pela vida, essa é a mensagem. E então não haverá medo. Mas há pessoas que estão prontas para explorar você. Elas continuam dizendo, "Morra por isso, morra por aquilo". Elas estão prontas apenas para uma coisa, que você deve tornar-se um mártir. Então, haverá medos.

Viva a vida. E eu não acho que morrer seja um sinal de coragem. A única coragem é viver a vida plenamente, não existe outra coragem. Morrer é muito simples e fácil. Você pode saltar de um penhasco, pode se enforcar. É uma coisa tão fácil! Você pode se tornar um mártir para um país, para um deus, para uma religião, para uma igreja. Todos eles carniceiros, todos eles assassinos. Não se sacrifique. Você está aqui por você mesmo, por mais ninguém.

Então viva. E viva em total liberdade e tão intensamente que cada momento seja transformado em eternidade. Se você vive um momento intensamente, ele se transforma em eternidade. Se você vive um momento intensamente, você se move na vertical, você deixa a horizontal.

> A única coragem é viver a vida plenamente, não existe outra coragem. Morrer é muito simples e fácil.

Há duas maneiras de se relacionar com o tempo: uma é apenas nadar na superfície do oceano, outra é mergulhar fundo, ir para as profundezas.

Se está apenas nadando no oceano do tempo, você está sempre com medo, porque a superfície não é a realidade. A superfície não é realmente o oceano, é apenas a fronteira, é apenas a periferia. Vá para as profundezas, mova-se em direção às profundezas. Quando você vive um momento profundamente, você não faz mais parte do tempo.

Quando você está apaixonado, profundamente apaixonado, o tempo desaparece. Quando está com o ser amado ou o seu amante ou seu amigo, de repente o tempo deixa de existir. Você está indo para as profundezas. Se você ama a música, se você tem um coração musical, sabe que o tempo para. Se você tem um senso de beleza apurado, uma sensibilidade estética... Olhe uma rosa e o tempo desaparece, olhe a lua e onde está o tempo? O relógio para imediatamente. As mãos continuam em movimento, mas o tempo para.

Se você ama algo profundamente, sabe que transcende o tempo. O segredo foi revelado a você muitas vezes. A própria vida revela isso a você.

A vida gostaria que você desfrutasse. A vida gostaria que você celebrasse. A vida gostaria que você participasse tão profundamente que não houvesse arrependimento com relação ao passado, que você não se lembrasse do passado, porque, sempre que você vai mais e mais fundo, a vida fica mais bela, mais extasiante, uma experiência de pico, e pouco a pouco, à medida que você entra em sintonia com o pico, ele se torna a sua morada.

É assim que vive um homem iluminado, ele vive totalmente e um momento por vez.

Alguém perguntou a um mestre zen:

– Desde a iluminação o que você tem feito?

Ele disse:

– Eu carrego água do poço, corto lenha na floresta... Quando sinto fome, eu como e, quando estou com sono, eu durmo, nada mais do que isso.

Mas, lembre-se bem, quando um homem que chegou a uma profunda compreensão do seu próprio ser corta lenha, ele simplesmente corta lenha. Não há mais ninguém ali. Na verdade, o lenhador não está lá, apenas o corte da lenha, o corte. O lenhador não está ali porque o lenhador é o passado. Quando o homem iluminado come, ele simplesmente come.

Um grande mestre zen disse: "Quando estou sentado, estou sentado; quando ando, eu ando; acima de tudo, não titubeio".

O tempo é um problema porque você não anda vivendo direito. Ele é simbólico, é sintomático. Se você vive direito, o problema do tempo desaparece, o medo do tempo desaparece.

Então o que fazer? A todo momento, seja o que for que estiver fazendo, faça isso com todo o seu ser. Coisas simples: ao tomar banho, faça isso com todo o seu ser. Esqueça o mundo inteiro! Ao se sentar, sente-se; ao caminhar, caminhe. Acima de tudo, não titubeie. Fique sob o chuveiro e deixe toda a existência cair sobre você. Funda-se com essas belas gotas de água caindo sobre você. Coisas pequenas: limpando a casa, preparando a comida, lavando roupa, saindo para uma caminhada matinal – faça isso com todo o seu ser. Então não haverá necessidade de meditação.

A meditação é só uma maneira de aprender a fazer uma coisa com todo o seu ser.

A meditação é só uma maneira de aprender a fazer uma coisa com todo o seu ser. Depois que tiver aprendido, tiver feito de toda a sua vida uma meditação, esqueça tudo sobre meditações, deixe que a vida seja a sua única lei, deixe que a vida seja a sua única meditação. Então o tempo desaparece e, lembre-se, quando o tempo desaparece, a morte desaparece. Você deixa de ter medo da morte. Na verdade, você a espera com expectativa.

Basta pensar no fenômeno: se você espera a morte, como ela pode existir? Essa espera não é um suicídio. Essa espera não é patológica. Você vive a sua vida. Se você tem vivido a sua vida, a morte passa a ser o ponto mais alto da vida toda. A morte é o clímax da vida, o auge, o apogeu.

Você viveu todas as pequenas ondas do comer, beber, dormir, andar, fazer amor. Ondas pequenas, ondas grandes, você viveu. Então, vem a maior delas: você morre! Você tem que viver isso também com todo o seu ser. E aí está pronto para morrer. Essa prontidão é a morte da própria morte.

É assim que as pessoas descobrem que nada morre. A morte é impotente quando você está pronto para vivê-la; a morte é muito poderosa quando você tem medo. Uma vida não vivida dá poder à morte. Uma vida vivida plenamente tira todo o poder da morte. A morte deixa de existir.

Compreensão é a chave
Como é possível dominar o medo ou eliminá-lo completamente?

O medo não pode ser completamente eliminado, não pode ser dominado, só pode ser compreendido. Compreensão é a palavra-chave aqui. E só a compreensão traz mudança, nada mais. Se você tentar dominar o seu medo, ele vai continuar reprimido, ele vai ficar dentro de você. Isso não vai ajudar, vai complicar as coisas. Se ele estiver vindo à tona, você pode reprimi-lo. Isso é domínio. Você pode reprimi-lo, e pode reprimi-lo tão profundamente que ele desaparece da sua consciência. Você nunca vai estar consciente dele, mas ele vai estar lá no porão e terá influência sobre você. Ele vai controlar você, vai manipular você, mas vai manipulá-lo de uma forma tão indireta que você não vai nem perceber. Mas o perigo ficou mais profundo. Agora você não pode nem mesmo compreendê-lo.

Portanto, o medo não tem de ser dominado. Não tem de ser eliminado. Ele não pode ser eliminado, porque o medo contém um tipo de energia e a energia não pode ser destruída. Você já viu que com medo você pode ficar com uma imensa energia? Assim como quan-

O medo não pode ser completamente eliminado, não pode ser dominado, só pode ser compreendido.

do você tem raiva. Ambos são aspectos do mesmo fenômeno energético. A raiva é agressiva e o medo é não agressivo. O medo é a raiva num estado negativo; a raiva é o medo num estado positivo. Quando está com raiva, já observou quão poderoso pode se sentir? Quanta energia você tem? Você pode atirar longe uma grande pedra quando está com raiva; normalmente não poderia nem sequer tirá-la do lugar. Você se torna três, quatro vezes maior quando está com raiva. Você consegue certas coisas que não pode fazer sem raiva.

Ou, com medo, você pode correr tão rápido que até mesmo um atleta olímpico ficaria com inveja. O medo dá energia; o medo *é* energia, e a energia não pode ser destruída. Nem um único pingo de energia pode ser eliminado da existência. Isso tem que ser lembrado a todo instante, caso contrário você vai se enganar. Você não pode destruir nada, apenas mudar sua forma. Você não pode destruir uma pedrinha; um pequeno grão de areia não pode ser destruído, ele só pode mudar de forma. Você não pode destruir uma gota d'água. Você pode transformá-la em gelo, fazê-la evaporar, mas ela continuará existindo. Continuará em algum lugar, não pode deixar de existir.

Você não pode destruir o medo, também. E as pessoas têm tentado fazer isso ao longo das eras. Têm tentando destruir o medo, tentado destruir a raiva, tentado destruir a sexualidade, tentado destruir a ganância, isso e aquilo. O mundo inteiro tem se esforçado continuamente para destruir as suas energias, e qual é o resultado? O ser humano se tornou uma confusão. Nada é destruído, tudo ainda está lá; só que as coisas ficaram confusas. Não há necessidade de tentar destruir nada; primeiro, porque nada pode ser destruído.

Então, o que se pode fazer? Você tem que entender o medo. O que é o medo? Como ele surgiu? De onde ele vem? Qual é a sua mensagem? Analise-o e sem nenhum julgamento; só então você vai entender. Se você já tem uma ideia preconcebida de que o medo é errado, de que ele não deveria existir – "Eu não deveria ter medo" –, então não vai conseguir entendê-lo. Como pode enfrentar o medo? Como pode olhar nos olhos do medo se já decidiu que ele é seu inimigo? Ninguém olha nos olhos do inimigo. Se você pensa que uma coisa é errada, vai tentar contorná-la, evitá-la, não vê-la. Você não vai tentar enfrentá-la, mas ela permanecerá. Isso não vai adiantar.

Primeiro deixe de lado toda condenação, todo julgamento, toda avaliação. O medo é uma realidade. Ele tem que ser confrontado, tem de ser entendido. E somente através da compreensão ele pode ser transformado. Na verdade, ele é transformado através da compreensão. Não há necessidade de fazer nenhuma outra coisa; a compreensão transforma.

O que é o medo? Primeiro, o medo sempre gira em torno de algum desejo. Você quer ficar famoso, ser a pessoa mais famosa do mundo, então surge o medo. E se não conseguir? Vem o medo. Agora o medo vem como um subproduto do desejo. Você quer se tornar a pessoa mais rica do mundo. E se não conseguir? Você começa a tremer; o medo vem. Você deseja possuir uma mulher e está com medo de que amanhã possa não ser capaz de mantê-la, ela pode trocá-lo por outro. Ela ainda está viva, ela pode ir embora. Apenas uma mulher morta não vai poder ir embora, e essa mulher ainda está viva. Você pode possuir um cadáver, então não há medo, o cadáver vai estar ao seu lado. Você pode possuir móveis, então não há medo. Mas, quando você tenta possuir um ser humano, o medo vem. Quem sabe, ontem ela não era sua, hoje ela é sua... amanhã, vai saber? Amanhã ela poderá ser de outra pessoa. O medo surge. O medo decorre do desejo de possuir, é um subproduto; você quer possuir,

Primeiro deixe de lado toda condenação, todo julgamento, toda avaliação.

daí o medo. Se você não desejar possuir, então não há medo. Se não tem o desejo de ser isto ou aquilo no futuro, então não há medo. Se não quer ir para o céu, então não há medo, então o sacerdote não pode deixá-lo com medo. Se não quiser ir a nenhum lugar, então ninguém pode deixá-lo com medo.

Se você começar a viver o momento, o medo desaparece. O medo vem por causa do desejo. Então, basicamente, o desejo cria o medo.

Olhe dentro dele. Sempre que houver medo, veja de onde ele está vindo, que desejo o está causando, e depois veja a futilidade desse medo. Como você pode possuir uma mulher ou um homem? É uma bobagem, uma ideia tão descabida! Apenas coisas podem ser possuídas, não as pessoas.

> Sempre que houver medo, veja de onde ele está vindo, que desejo o está causando, e depois veja a futilidade desse medo.

Uma pessoa é uma liberdade. Uma pessoa é bela por causa da liberdade. O pássaro é bonito voando no céu. Aprisionado ele não é mais o mesmo pássaro, lembre-se. Parece que é, mas não é mais o mesmo pássaro. Onde está o céu? Onde está o sol, onde estão aqueles ventos, onde estão aquelas nuvens? Onde está aquela liberdade do voo? Tudo isso desapareceu. Não é o mesmo pássaro.

Você ama uma mulher porque ela é livre. Então você a aprisiona. Vocês vão ao cartório e se casam, e você faz uma bela gaiola em torno dela, talvez de ouro, cravejada de diamantes, mas ela não é mais a mesma mulher. E agora vem o medo. Você está com medo, com medo porque a mulher pode não gostar dessa gaiola. Ela pode ansiar pela liberdade novamente. E a liberdade é um valor supremo, não se pode abrir mão dela.

O ser humano consiste em liberdade, a consciência consiste em liberdade. Então, mais cedo ou mais tarde, a mulher vai começar a se sentir entediada, farta. Ela vai começar a olhar para outros homens. Você fica com medo. Seu medo vem à tona porque você quer possuir. Mas, para começo de conversa, por que você quer possuir? Não seja possessivo e não haverá medo. E quando não há medo, grande parte da energia que está envolvida e presa, trancafiada no medo, fica à disposição. E essa energia pode se tornar a sua criatividade. Ela pode se tornar uma dança, uma celebração.

Você está com medo de morrer? Você não pode morrer, porque, em primeiro lugar, você não existe. Como pode morrer? Olhe para o seu ser, mergulhe dentro dele. Quem existe ali para morrer? Quando olha profundamente, você não encontra nenhum ego, nenhum "eu" ali. Então, não existe possibilidade de morte. Só a ideia de ego cria o medo da morte. Se não existe nenhum ego, não existe morte. Você é completo silêncio, imortalidade, eternidade. Não como você, mas como um céu aberto, não contaminado por qualquer ideia de "eu", de si mesmo – ilimitado, indefinido. Então não existe medo.

O medo surge porque existem outras coisas. Você vai ter que olhar para elas e, fazendo isso, vai começar a mudar as coisas.

Então, por favor, não pergunte como o medo pode ser dominado ou destruído. Ele não pode ser dominado, não pode ser eliminado. Não pode ser dominado e não pode ser destruído, só pode ser compreendido. Deixe que a compreensão seja a sua única lei.

Insegurança divina

Sei que qualquer ideia de segurança exterior é tola e pouco realista, mas não existe uma segurança interior pela qual podemos lutar?

Não existe segurança, interior ou exterior. A segurança não existe, é por isso que a existência é tão bela. Basta pensar numa rosa pela manhã que começasse a pensar em ficar segura. Então o que iria acontecer? Se a rosa se tornasse realmente segura, ela se tornaria uma flor de plástico; caso contrário, a insegurança existe. Um vento forte pode vir e levar as suas pétalas. Uma criança pode vir correndo e colher a flor. Uma cabra pode vir e comê-la. Ou pode não acontecer nada. Nenhuma criança vir, nenhuma cabra, nem vento, mas, mesmo assim, à noite ela já não existirá mais. Mesmo que nada fora do comum aconteça, ela mesmo assim terá partido.

A segurança não existe, é por isso que a existência é tão bela.

Mas essa é a beleza da rosa, é por isso que ela é tão bonita, porque vive rodeada de morte, ela desafia a morte, desafia os ventos. Uma flor tão pequena, minúscula, e tamanho desafio! E ela se eleva acima de todas as dificuldades e perigos. Mesmo que seja apenas por alguns minutos ou algumas horas, não faz diferença, o tempo que ela viveu é irrelevante – a rosa teve seu dia. Ela viveu, dialogou com os ventos e falou com o sol, a lua e olhou as nuvens. E havia alegria, havia uma grande paixão! Então, ela morreu. Não se apegou. Uma rosa apegada seria feia. Só os seres humanos ficam feios assim. Quando chega a hora, a flor simplesmente morre e desaparece na terra de onde veio. Não há segurança exterior, nem segurança interior. A insegurança é a própria matéria de que a vida é feita.

Essa é a diferença entre o meu trabalho e o de outras pessoas. Elas dão a você segurança, eu tiro de você toda segurança. Eu o torno consciente das belezas da vida, dos seus riscos, perigos, das suas inseguranças. Eu o torno mais sensível. E nessa sensibilidade maior existe um grande desafio e uma grande aventura. Então não se incomode em saber se o amanhã vai acontecer ou não; o hoje é mais do que suficiente. Se pudermos amar, se pudermos viver, este dia é mais do que suficiente.

Um único momento de profundo amor é uma eternidade.

Um único momento de profundo amor é uma eternidade. Quem se importa com a segurança? A própria ideia de segurança surge da ganância, a própria ideia surge do ego. Chame-a de segurança interior, chame-a de segurança exterior, não vai fazer nenhuma diferença. É preciso olhar a fundo e ver que a segurança não existe e que ela não é possível pela própria natureza da existência.

Neste exato momento, uma grande revolução está acontecendo no seu ser; você está passando por uma metamorfose.

Jesus chama esse momento de *metanoia*. Você é convertido... não que vá se tornar um cristão ou vá se tornar católico ou protestante. Nesse momento você não é mais mundano.

Buscar segurança é ser mundano. Viver na insegurança como uma rosa é ser espiritual.

A segurança é deste mundo, a insegurança é do divino.

2

Morrer de medo – Investigue as raízes do medo

Quando as pessoas vivem com medo, suas vidas não são muito vibrantes. O medo paralisa e incapacita. Ele corta suas raízes, não permite que você atinja toda a sua estatura, o seu ser completo. Ele nos torna pigmeus, pigmeus espirituais. Para cumprir nosso destino é preciso muita coragem, é preciso destemor, e o destemor é a qualidade mais espiritual de todas.

As pessoas que estão cheias de medo não conseguem ir além do conhecido. O conhecido dá uma espécie de conforto, de segurança, pois é conhecido. A pessoa está perfeitamente consciente. Sabe lidar com ele. Pode estar quase dormindo e mesmo assim

> Para cumprir nosso destino é preciso muita coragem, é preciso destemor, e o destemor é a qualidade mais espiritual de todas.

saber lidar com ele. Não há necessidade de ficar acordada. Essa é a conveniência do conhecido. No momento em que cruza a fronteira do conhecido, o medo surge, porque agora você vai ser ignorante, agora você não vai saber o que fazer e o que não fazer. Agora você não vai estar tão seguro de si mesmo, agora os erros podem ser cometidos; você pode se extraviar. Esse é o medo que detém as pessoas apegadas ao conhecido, e depois que uma pessoa está presa ao conhecido, ela está morta.

A vida só pode ser vivida perigosamente. Não há outra maneira de vivê-la. É somente através do perigo que a vida atinge a maturidade, o crescimento. É preciso ser aventureiro, sempre pronto a arriscar o conhecido em favor do desconhecido. E depois que a pessoa prova as alegrias da liberdade e do destemor, nunca se arrepende, porque sabe o que significa viver ao máximo. Sabe o que significa queimar a tocha da vida pelos dois lados. E até mesmo um único instante dessa intensidade é mais gratificante do que toda a eternidade de uma vida medíocre.

A vida só pode ser vivida perigosamente. Não há outra maneira de vivê-la.

A pessoa tem medo da morte, porque ela não tem consciência do que é a vida. Se você sabe o que é a vida, o medo da morte desaparece naturalmente. A questão não é a morte, em absoluto.

A questão é a vida. Porque não sabemos o que a vida é, temos medo de que ela vá acabar um dia. Nós ainda não vivemos. Como você pode viver sem saber o que é a vida? Você não viveu nem amou, está simplesmente se arrastando, vegetando. E você sabe que uma coisa é certa: a morte está se aproximando a cada dia, a cada momento; daí o medo. O medo é natural, porque a morte vai fechar a porta para sempre. Sem nunca saber o que é a vida, ela vai lhe ser tirada. Você recebeu uma oportunidade, uma grande oportunidade, e a perdeu.

Você continua adiando para amanhã. Você diz: "Amanhã vou começar a viver". Mas ao mesmo tempo, bem ao lado, você sabe que existe um medo: "Amanhã, quem sabe? Amanhã talvez a morte venha, então como vai ser?" Você adia a vida para amanhã e, se não houver amanhã, como vai ser? Daí surge o medo.

E você não sabe como viver no momento. Ninguém nos ensina como viver no agora. Os pregadores, os políticos, os pais, todos eles falam sobre o amanhã. Quando você é criança dizem: "Quando você crescer, vai saber o que é a vida". Quando você chega à juventude, eles dizem: "Você é jovem e tolo. A juventude é uma insanidade. Quando você for velho, então vai entender". E quando você fica velho, eles dizem: "Você está acabado. Agora já era, você é um cartucho usado". Que mundo mais estranho!

Na minha infância, como acontece na vida de toda criança, eu costumava fazer milhares de perguntas aos mais velhos. Eu era quase uma tortura para as pessoas, porque as minhas perguntas eram muito embaraçosas para elas. Assim, o mais fácil era dizer: "Você é muito jovem. Cresça primeiro".

Um dos amigos do meu pai era conhecido em toda a cidade como um homem sábio. Eu ia com meu pai visitá-lo e costumava bombardeá-lo de perguntas mais do que a qualquer outra pessoa. Ele sempre dizia:

– Espere. Você é muito jovem e suas perguntas são muito complicadas. Quando for um pouco mais crescido, vai conseguir entender.

Um dia eu pedi a ele:

– Você pode, por favor, me dar por escrito o ano em que vou ser crescido? Então vou fazer a você essas perguntas. Porque é difícil entender! Sempre que pergunto, e eu tenho feito isso há pelo menos cinco anos, você sempre diz a mesma coisa: "Quando você crescer..." Você pode continuar me dizendo isso para sempre! Então, só escreva o ano no papel e assine.

Eu vi que a mão dele estava tremendo. Perguntei:

– Por que a sua mão tremendo? Por que está com medo? Se sabe com que idade uma pessoa passa a ser capaz de compreender, escreva isso no papel. Se disser aos 20 anos, vou perguntar aos 21. Vou te dar um ano de lambuja!

Então, ele escreveu: "21 anos".

Então eu disse:

– Ok, só vou voltar quando estiver com 22.

Ele deve ter pensado: "Pelo menos por enquanto o problema está resolvido. Quem sabe se vai voltar mesmo? Depois que tiver 22...?" Na época eu devia ter cerca de 14 anos.

Logo que fiz 22 anos fui atrás dele, e cheguei acompanhado de um monte de gente. Eu tinha reunido muitas pessoas para ir comigo, e disse a ele:

– Aqui está a sua carta. Agora responda!

Ele disse:

– Você é mesmo uma chateação! Por que trouxe todas essas pessoas?

Eu disse:

– Só para testemunhar que você está me enganando. E não está enganando só a mim, como isso vem acontecendo com todo mundo. As pessoas mais velhas ficam, todas, enganando os jovens, dizendo a eles "amanhã", e o amanhã nunca chega. Agora tenho 22 anos de idade e você escreveu 21 anos no papel. Eu lhe dei mais um ano para o caso de eu não ser muito inteligente e precisar crescer mais um pouco. Mas agora eu não vou embora, vou ficar aqui até que todas as minhas perguntas tenham sido respondidas.

Ele disse:

– Para dizer a verdade, eu não sei coisa nenhuma. E, por favor, não me pergunte novamente. Me perdoe, você tem razão. Eu estava mentindo para você.

– Por que você mentiu para uma criança? – perguntei a ele.
– Como você pôde mentir para uma criança que estava perguntando com tanta inocência, que confiava em você? E você a enganou! Você não sabe se Deus existe ou não, mas ficava me dizendo que Deus existe e que eu conseguiria entender mais tarde. Na mesma hora percebi que você não entendia nada. Você não sabe nada sobre Deus, está apenas repetindo as coisas como um papagaio.

Mas esta é a situação: os professores não sabem, os mestres não sabem, os padres não sabem, mas, mesmo sem saber, eles continuam fingindo que sabem. E toda a estratégia consiste num único truque, e esse truque se resume em adiar: "Você também vai saber quando chegar a hora". É claro que nunca chega, você nunca cresce. E na época em que você já tem idade e precisa salvar a própria cara, então começa a dizer as mesmas coisas aos seus filhos.

Se você ama seus filhos, se ama seus irmãos mais novos, irmãs, nunca diga mentiras a eles. Seja verdadeiro, diga: "Eu não sei e estou buscando a resposta". Não adie para amanhã.

> Todo mundo tem medo da morte pela simples razão de que não viveu ainda.

Toda a nossa vida é um adiamento, daí o medo da morte: "Eu ainda não sei, e a morte está chegando". Todo mundo tem medo da morte pela simples razão de que não viveu ainda. O homem que sabe o que é a vida nunca tem medo da morte, ele dá as boas-vindas à morte. Sempre que a morte vem, ele a recebe de braços abertos, ele lhe dá as boas-vindas, ele recebe a morte como um hóspede. Para o homem que não sabe o que é a vida, a morte é um inimigo. E para o homem que sabe o que é a vida, a morte é o supremo ápice da vida.

Mas todo mundo tem medo da morte, isso também é contagioso. Seus pais têm medo da morte, seus vizinhos têm medo da morte. As crianças pequenas começam a ficar infectadas por esse medo constante por toda a parte. Todo mundo tem medo da morte. As pessoas nem sequer querem falar sobre isso.

Quando um homem morre, chamam profissionais para arrumar o corpo. A pessoa pode nunca ter tido uma aparência tão bonita quanto tem depois de morta – maquiada e com bochechas tão rosadas, como se tivesse acabado de passar três meses de férias na Flórida! Parecendo tão saudável, como se tivesse acabado de fazer exercícios físicos! E agora parece que está fazendo a postura da morte do yoga, não morta de fato. É preciso dar a impressão de que ela não está morta. Até na lápide está escrito: "Ela não está morta, só está dormindo". E em todas as línguas, sempre que alguém morre, ninguém diz que a pessoa está morta. Dizemos "Ela foi para o céu. Foi para junto de Deus; Deus a escolheu e a chamou para junto de si. Ela foi para o outro mundo". Fala-se da divindade das pessoas apenas quando estão mortas.

Depois que o homem morre, ninguém mais fala mal dele, ninguém diz nada contra ele. Ele se torna de repente um santo, um sábio. Alguém insubstituível! O mundo sempre vai sentir falta dele, era tão essencial! E ninguém nunca se deu conta da existência dele enquanto estava vivo! São truques, truques para manter a morte a distância, para fechar as portas e esquecer tudo sobre a morte.

A verdadeira humanidade não terá nenhum tabu. Nenhum tabu sobre sexo, nenhum tabu sobre a morte. A vida deveria ser vivida em sua plenitude, e a morte faz parte da vida. A pessoa deveria viver plenamente e morrer plenamente.

Quando vou a fundo com meus clientes na terapia, três medos sempre vêm à tona. O medo de enlouquecer, o medo de se entregar ao orgasmo sexual e o medo de morrer. Esses três medos sempre aparecem no meu trabalho como terapeuta. Você pode, por gentileza, falar sobre isso?

É realmente uma pergunta muito significativa, uma questão existencial.

A humanidade tem convivido com esses três medos há milhares de anos. Eles não são pessoais, são coletivos. Vêm do inconsciente coletivo.

O medo de enlouquecer está em todo mundo, pela simples razão de que não permitiram que a inteligência das pessoas se desenvolvesse. A inteligência é perigosa para aqueles com interesses escusos, por isso há milhares de anos suas raízes têm sido cortadas.

>
>
> A inteligência é perigosa para aqueles com interesses escusos, por isso há milhares de anos suas raízes têm sido cortadas.

No Japão, eles têm um certo tipo de árvore que é considerado uma grande arte, mas é simplesmente assassinato. As árvores têm quatrocentos, quinhentos anos e quinze centímetros de altura. Gerações de jardineiros têm se dedicado a elas. A técnica consiste em plantar as árvores em vasos sem fundo e ir cortando as raízes. Eles não deixam que as raízes das árvores se aprofundem na terra. E quando você não deixa que as raízes se aprofundem na terra, a árvore simplesmente envelhece, ela nunca cresce. É um fenômeno estranho ver esse tipo de árvore. Ela parece antiga, mas só fica cada vez mais velha. Nunca cresce. Nunca floresce nem dá frutos.

Essa é justamente a situação do ser humano. Suas raízes são cortadas. O homem vive quase sem raízes. Ele tem que ter suas raízes podadas para que fique dependente da sociedade, da cultura, da religião, do estado, dos pais, de todo mundo. Tem que depender, ele próprio não tem raízes. No momento em que toma consciência de que não tem raízes, ele sente que está ficando louco, que está perdendo o juízo. Ele está perdendo todo o apoio, está caindo numa vala escura... porque o seu conhecimento é emprestado, não é dele mesmo. Sua respeitabilidade é emprestada. Ele próprio não tem respeito por seu próprio ser. Toda a sua personalidade é emprestada de uma fonte – da universidade, da Igreja, do Estado. Ele próprio não tem nada de sua autoria.

Basta pensar num homem que vive num grande palácio com todo o luxo imaginável e, um dia, de repente descobre que o palácio não pertence a ele e nem esses luxos pertencem a ele. Dizem a ele: "Eles pertencem a alguém que está chegando e você vai ser despejado". Esse homem vai enlouquecer. Assim, na terapia profunda você vai chegar a esse ponto, e a pessoa tem que encarar esse medo e aceitá-lo, enlouquecer.

Permita, na terapia, uma situação em que a pessoa possa enlouquecer – depois que ela enlouquecer, vai abandonar o medo.

Ela vai saber o que é a loucura. O medo é sempre do desconhecido. Deixe-a enlouquecer e ela logo se acalma, porque esse medo não tem nenhuma base real. É um medo projetado pela sociedade.

Os pais dizem: "Se você não nos seguir, se você desobedecer, está perdido". O Deus judeu diz no Talmud: "Eu sou um Deus muito ciumento, um Deus muito irritado. Lembre-se de que eu não sou bom, eu não sou seu tio". Todas as religiões têm feito isso e, se você simplesmente se desviar do caminho que a multidão segue, vão dizer que você é louco. Então todo mundo continua preso à multidão, fazendo parte de uma religião, uma Igreja, um partido, uma nação, uma raça. A pessoa tem medo de ficar sozinha, e isso é o que você está fazendo quando leva a pessoa às suas próprias profundezas. Toda aquela multidão, todas essas conexões desaparecem. Ela fica sozinha, sem ninguém de quem sempre dependeu.

Se você simplesmente se desviar do caminho que a multidão segue, vão dizer que você é louco.

O ser humano não tem inteligência própria – esse é o problema. A menos que comece a desenvolver a sua própria inteligência, ele sempre terá medo de ficar louco. Não só isso, a sociedade pode deixá-lo louco a qualquer momento. Se a sociedade quiser deixá-lo louco, se isso a favorecer, ela o deixará louco.

Na União Soviética, isso costumava acontecer quase todos os dias. Estou pegando o exemplo da União Soviética, porque eles fizeram isso de forma mais científica, com método. Isso acontece em todos os lugares do mundo, mas os métodos são muito primitivos. Por exemplo, na Índia, se uma pessoa se comporta de uma maneira que não é aprovada, ela se torna um pária. Não pode receber nenhum apoio de ninguém na cidade. As pessoas não vão nem falar com ela. Sua própria família vai fechar as portas na cara dela. O homem vai ficar louco, você vai deixá-lo louco!

Mas na Rússia soviética fizeram isso com mais método e eles têm feito isso com as pessoas que ganharam o Prêmio Nobel, que tinham inteligência, mas uma inteligência que estava sempre sob controle, sob a supervisão do Estado. Bastava um único ato de desobediência... porque a pessoa ganhou o prêmio Nobel e o governo soviético não queria que ela ficasse com ele, porque esse prêmio vinha de um mundo capitalista e para o governo isso era como um suborno. Era assim que eles compravam as pessoas, e essas eram pessoas que tinham todos os segredos da ciência. Eles não queriam que elas ficassem conhecidas no mundo todo, não queriam que entrassem em contato com outros cientistas, não queriam permitir que aceitassem o prêmio Nobel. Mas se a pessoa insistisse, ela era colocada num hospital.

A pessoa ficava dizendo: "Eu sou perfeitamente saudável; por que estou sendo internado num hospital?" Eles diziam: "Porque os médicos acham que você vai ficar doente. Os sintomas iniciais já se manifestaram, você pode não estar percebendo". E eles ficavam dando injeções na pessoa, ela não entendia o que estavam fazendo, e depois de quinze dias ela estava louca. Eles a faziam enlouquecer por meio de substâncias químicas. E quando ela estava totalmente louca, eles a levavam aos tribunais, dizendo "Este homem é louco, deve ser afastado do seu trabalho e enviado para um manicômio". E depois ninguém mais tinha notícias dessas pessoas. Isso era feito de um modo científico. Mas toda sociedade tem feito isso, e o medo se entranhou em reinos muito profundos do inconsciente.

O trabalho da terapia é fazer com que a pessoa fique livre desse medo. Se ela se livrar desse medo, fica livre da sociedade, livre da cultura, livre da religião, livre de Deus, do céu, do inferno e de todos esses disparates. Todo esse absurdo faz sentido por causa desse medo, e para dar sentido a todo esse absurdo cria-se o medo.

É o crime mais vil em que se pode pensar. Ele está sendo cometido contra todas as crianças ao redor do mundo a todo instante, e as pessoas que estão fazendo isso não têm más intenções. Elas pensam que estão fazendo algo bom para a criança. Foram condicionadas por seus pais, e estão transferindo o mesmo condicionamento para os filhos. Mas, basicamente, toda a humanidade está à beira da loucura.

Nenhuma terapia é completa sem a meditação, porque só a meditação pode lhe devolver as suas raízes perdidas, a força de ser um indivíduo.

Na terapia profunda, o medo acomete a pessoa de repente, porque ela está perdendo todas as muletas, os suportes; a multidão está desaparecendo ao longe; ela está ficando sozinha. De repente, há escuridão e medo. Ela nunca foi treinada, disciplinada para ficar sozinha. E essa é a função da meditação. Nenhuma terapia é completa sem a meditação, porque só a meditação pode lhe devolver as suas raízes perdidas, a força de ser um indivíduo. Não há nada a temer. Mas o condicionamento é para que você tenha medo a todo momento, a cada passo.

Toda a humanidade vive na paranoia. Essa humanidade poderia viver no paraíso; ela está vivendo no inferno. Então, ajude a pessoa a entender que isso não é nada com que ela precise se preocupar, que ela precise temer. É um medo incutido nela. Toda criança nasce sem medo. Ela pode brincar com uma cobra sem sentir medo, a criança não sabe o que é medo, o que é morte nem nada. A meditação leva a pessoa de volta à infância. Ela renasce.

Assim, ajude a pessoa a entender por que existe o medo. Deixe claro que é um fenômeno falso, imposto a ela: "Não há com que se preocupar: nesta situação, você pode enlouquecer. Não tenha medo. Aproveite que, pela primeira vez, você tem uma situação em que pode ficar louco e não ser condenado, mas amado, respeitado". E o grupo tem de respeitar a pessoa, amar a pessoa. Ela precisa disso e vai se acalmar. Vai sair do medo com uma grande liberdade, com grande resistência, força, integridade.

O segundo medo é do orgasmo sexual. Isso também é criado pelas religiões. Todas as religiões existem porque fizeram o ser humano se voltar contra suas próprias energias. O sexo é toda a energia do homem, sua energia vital, e profetas e messias religiosos, mensageiros de Deus, estão todos fazendo o mesmo trabalho – com palavras diferentes, idiomas diferentes, mas o trabalho é o mesmo: fazer com que o homem se torne inimigo de si mesmo. E a estratégia básica – porque o sexo é a energia mais poderosa dentro de você – é que o sexo deve ser condenado, a culpa deve ser incutida. Então surge um problema para o indivíduo. Sua natureza é sensual, sexual, e sua mente está cheia de lixo contra ela. Ele fica dividido. Nem pode abandonar a sua natureza, nem pode abandonar a mente, porque abandonar a mente significa abandonar a sociedade, a religião, o profeta, Jesus Cristo e Deus, tudo. Ele não consegue fazer isso a menos que se torne um indivíduo e seja capaz de ficar sozinho, sem nenhum medo.

Por isso, no que se refere à mente, o ser humano tem medo do sexo. No entanto, a biologia não tem nada a ver com a mente. A biologia não recebeu nenhuma informação da mente, não há comunicação. A biologia tem a sua própria forma de funcionamento, de modo que ela vai atraí-lo para o sexo e a sua mente vai estar lá, o tempo todo condenando você. Então, a pessoa faz amor, mas com pressa. Essa pressa tem uma razão muito psicológica. A pressa é porque ela está fazendo algo errado. Está fazendo algo contra Deus, contra a religião. Está se sentindo culpada e não consegue deixar de fazer sexo, de modo que a única concessão é que faça, mas que seja rápida! Isso impede o orgasmo.

Agora, existem muitas implicações. Um homem que não conheceu o orgasmo sente-se insatisfeito, frustrado, irritado, porque nunca ficou num estado que a natureza oferece de graça, em que ele poderia relaxar totalmente e tornar-se uno com a existência, pelo menos por alguns segundos. Por causa da sua pressa, ele não consegue chegar ao orgasmo. O sexo tornou-se equivalente à ejaculação. Isso não é verdade no que diz respeito à natureza. A ejaculação é apenas uma parte, a que você pode chegar sem orgasmo.

Você pode se reproduzir, de modo que a biologia não está preocupada com o seu orgasmo. Sua biologia fica satisfeita se você reproduzir, e é possível reproduzir apenas com a ejaculação, não há necessidade de orgasmo.

O orgasmo é uma tremenda dádiva da natureza. O homem é privado dela e, como ele é muito rápido ao fazer amor, a mulher também se priva. A mulher precisa de tempo para se aquecer. Todo o corpo dela é erótico, e, a menos que todo o seu corpo esteja latejando de prazer, ela não conseguirá chegar ao orgasmo. Porque não há tempo. Portanto, por milhões de anos foi completamente negado às mulheres o seu direito inato. É por isso que elas se tornaram tão mal-humoradas, tão resmungonas, sempre prontas para brigar. Não há possibilidade de se ter uma conversa com uma mulher. Você está vivendo com uma mulher há anos, mas não há uma única conversa de que se lembre em que vocês dois se sentaram e discorreram sobre as grandes coisas da vida. Não, você só consegue se lembrar dela brigando, atirando coisas, sendo desagradável! Mas a mulher não é responsável por isso. Ela está sendo privada de toda a sua possibilidade de felicidade. Então, ela se torna negativa.

O orgasmo é uma tremenda dádiva da natureza.

E isso deu uma chance aos sacerdotes. Todas as igrejas e templos estão cheios de mulheres, porque elas perdem mais que os homens. O orgasmo do homem é mais local; o seu corpo não é todo erótico, então o corpo dele não sofre nenhum dano se não houver uma experiência orgásmica, mas todo o corpo da mulher sofre.

Mas é um bom negócio para as religiões. A menos que as pessoas estejam psicologicamente sofrendo, elas não irão às igrejas. Não vão ouvir todo tipo de teologia idiota. E como elas estão sofrendo, querem algum consolo, querem alguma esperança, ao menos após a morte. Na vida elas sabem que não há esperança; isso é certo. Isso dá às religiões uma chance para mostrar a homens e mulheres que o sexo é uma total futilidade. Não tem nenhum sentido, nenhum significado. Você está desnecessariamente perdendo energia, desperdiçando a sua energia. E o argumento parece correto porque você nunca sentiu nada.

Portanto, ao impedir a experiência do orgasmo, as religiões tornaram homens e mulheres escravos. Agora a mesma escravidão serve a outros interesses escusos. O último padre é o psicanalista; agora ele está explorando a mesma coisa. Fiquei espantado ao saber que quase todos os novos sacerdotes, especialmente os cristãos, estudam psicologia na faculdade de Teologia. Psicologia e psicanálise tornaram-se uma parte necessária da educação deles. Ora, o que a psicologia tem a ver com a Bíblia? O que a psicanálise tem a ver com Jesus Cristo? Eles estão sendo treinados em psicologia e psicanálise, porque é claro que o antigo padre está desaparecendo, perdendo sua influência sobre as pessoas. O padre tem de se atualizar, para que possa servir não só como sacerdote religioso, mas também como psicanalista, psicólogo. Naturalmente, o psicólogo não pode competir com ele. Ele tem algo mais: a religião. Mas essa coisa toda aconteceu através de um dispositivo simples, que é condenar o sexo. Assim, quando em seus grupos de terapia você encontrar pessoas que temem o orgasmo, ajude-as a entender que o orgasmo vai torná-las mais sãs, mais inteligentes, menos irritadas, menos violentas, mais amorosas. O orgasmo vai devolver as suas raízes, que foram tomadas de você. Portanto, não fique preocupado. E junto com o medo do orgasmo existirá o medo de enlouquecer. Se no orgasmo a pessoa enlouquece, ajude-a a enlouquecer! Só então ela será capaz de ter um orgasmo em sua totalidade. Mas o orgasmo relaxa cada fibra da sua mente, do seu coração, do seu corpo.

É importantíssimo para a meditação que a pessoa passe pela experiência do orgasmo. Depois você pode ajudá-la a entender o que é meditação. É uma experiência orgásmica com toda a existência. Se o orgasmo pode ser tão bonito e tão benéfico, tão saudável, com apenas um único ser humano, a meditação é se unir com o todo que cerca você, desde a menor folha de grama até a maior das estrelas, a milhões de anos-luz de distância.

Depois que ela experimenta isso... A questão é sempre a primeira experiência. Uma vez que ela saiba disso, que a loucura não era loucura, mas uma espécie de explosão de alegria, e que acalma e a deixa mais saudável, mais inteira, mais inteligente, então o medo do orgasmo desaparece. E com ele, vai-se também a religião, a psicanálise e todo tipo de bobagem pela qual ela está pagando tão caro.

O terceiro medo que você diz é o da morte. O primeiro é o de estar sozinho. Grande parte do medo da morte vai ser destruída pela primeira experiência de ficar sozinho e não ter medo. O medo que restará da morte será imediatamente destruído pela experiência do orgasmo, porque no orgasmo a pessoa desaparece.

O ego não existe mais. Existe um "experimentar", mas o experimentador não existe mais.

Essas duas primeiras etapas ajudarão a resolver o terceiro passo muito facilmente. E a cada passo, você tem que ir aprofundando a capacidade da pessoa de meditar. Nenhuma terapia sem meditação ajuda muito. É só superficial, toca um ponto ou outro, e logo a pessoa será a mesma. Uma real transformação nunca acontece sem a meditação. E essas são situações muito belas, no que diz respeito à meditação.

> Nenhuma terapia sem meditação ajuda muito. É só superficial, toca um ponto ou outro, e logo a pessoa será a mesma.

Por isso, use o primeiro medo para fazer com que a pessoa fique sozinha. Use o segundo para dar a ela coragem e lhe dizer para abandonar todos os pensamentos e ficar loucamente orgásmica: "Não ligue para o que acontece. Estamos aqui para cuidar de você". Com esses dois passos, o terceiro será muito fácil. É o mais fácil. Parece que é o maior medo do ser humano, mas não é verdade. Você não conhece a morte; como pode temê-la? Você sempre viu outras pessoas morrendo, você mesmo nunca morreu. Quem sabe você seja a exceção, porque não há nenhuma prova de que você vai morrer. Aqueles que já morreram provaram que eram mortais.

Quando eu estava na universidade, aprendendo lógica com o meu professor, em todos os livros de lógica, em todas as universidades do mundo, o mesmo silogismo aristotélico era ensinado:

"O homem é mortal. Sócrates é um homem. Portanto, Sócrates é mortal". E quando me ensinaram esse silogismo pela primeira vez, eu me levantei e disse: "Espere aí, eu posso ser a exceção. Até agora tenho sido a exceção. Por que não amanhã? Sobre Sócrates eu aceito que o silogismo seja verdadeiro, porque ele está morto, mas e quanto a mim? E você? E todas essas pessoas que estão vivendo? Elas ainda não morreram".

Vivenciar a morte – pessoas morrendo de desgosto, na miséria, sofrendo, com todos os tipos de dor, na velhice – é o que lhe causa o medo da morte. Ninguém vê a morte de um homem iluminado, quanto é bela a morte dele, com quanta alegria ele morre. O momento de sua morte é de grande luminosidade, silêncio, como se a alegria estivesse irradiando por todos os poros de seu ser. Aqueles que estão perto dele, aqueles que têm a sorte de estar perto dele, vão ficar simplesmente surpresos ao ver que a morte é muito mais gloriosa do que a vida jamais foi.

Mas esse tipo de morte acontece apenas com as pessoas que viveram a vida em sua totalidade, sem medo, que viveram orgasmicamente, sem se preocupar com os idiotas e com o que eles estão dizendo. Eles não sabem nada sobre esse tipo de morte, mas vão falar sobre ela.

O medo da morte será o mais simples dos três. Você tem que resolver os dois primeiros e então dizer à pessoa que a morte não é o fim da vida. Se você meditar profundamente e chegar ao seu centro mais íntimo, de repente vai encontrar uma corrente de vida eterna. Os corpos... já foram vários. O seu ser já assumiu muitas formas, mas você é simplesmente o mesmo. Mas isso tem que ser não apenas uma crença, tem que se tornar a experiência dessas pessoas.

Então lembre-se de uma coisa: os seus grupos de terapia não devem fazer uma terapia comum, só uma reabilitação que dá à pessoa a sensação de que ela aprendeu alguma coisa, que vivenciou alguma coisa, mas depois de uma semana ou duas, ela volta a ser a mesma. Não há uma única pessoa em todo o mundo que seja totalmente psicanalisada. Há milhares de psicanalistas fazendo psicanálise, e não existe um único caso em que eles foram capazes de concluir o tratamento, pela simples razão de que ele não tem nada a ver com meditação. E sem meditação, você pode pintar a superfície, mas a realidade interior permanece a mesma.

> Não há uma única pessoa em todo o mundo que seja totalmente psicanalisada.

Meus terapeutas têm de introduzir a meditação como a parte central da terapia, e todo o resto deve girar em torno dela. Então nós fazemos da terapia algo realmente valioso. Não é só a necessidade daqueles que estão doentes ou daqueles que estão de alguma forma mentalmente desequilibrados, ou daqueles que sentem medo, ciúmes, violência. Essa é uma parte negativa da terapia.

Nossas terapias devem devolver à pessoa a sua individualidade. Nós trazemos a sua infância e sua inocência de volta. Damos à pessoa integridade, cristalização, de modo que ela nunca tema a morte. E depois que o medo da morte desaparece, todos os outros medos são muito pequenos, eles vão seguir o mesmo caminho, vão simplesmente desaparecer também.

E nós temos que ensinar as pessoas a viver plena e integralmente, confrontando os ensinamentos de todas as religiões. Elas ensinam a renúncia. Eu ensino a alegria.

Realidades do Oriente e do Ocidente

A ciência ocidental só conhece uma realidade: a realidade da matéria. Ela é pobre, falta-lhe variedade. O misticismo oriental aceita a realidade do eu interior, que você não pode ver, não consegue entender, mas que você *é*. Você pode despertar para ele ou pode permanecer adormecido, não faz diferença para a qualidade interior do seu ser. Essa é a sua realidade suprema.

E então há o corpo, que é apenas uma aparência – uma aparência no sentido de que está mudando constantemente. Você vê uma bela mulher ou um homem bonito e eles já estão envelhecendo. Assim que você se alegra com a beleza de uma rosa, não demora para que ela desapareça novamente na Terra. Esse tipo de realidade também tem o seu lugar na visão oriental. Eles chamam isso de aparência, mudança de momento a momento. Há um tempo para nascer e há um tempo para morrer. As estações do ano virão novamente e as flores vão florescer outra vez. É a viagem de volta da existência em que tudo vai mudando, exceto o seu ser, o seu centro. Este mundo em mutação é uma realidade relativa.

E há outras realidades também, semelhantes a sonhos. Você sabe que elas não existem, mas ainda assim você as vê. Não só as vê, como se deixa afetar por elas. Se você tem um pesadelo e acorda, você verá que seu coração está batendo mais forte, sua respiração acelerou com o pesadelo. Você pode estar até suando por causa do medo. Você não pode dizer que o pesadelo não existe; caso contrário, de onde é que viria esse suor, esse batimento cardíaco e essa respiração acelerados? O misticismo oriental também aceita essa terceira camada da realidade: o sonho, o horizonte que você vê ao redor, que não existe em lugar nenhum, mas você pode vê-lo em todos os lugares.

Então, de acordo com o misticismo oriental, tudo passa e ainda assim existe algo que nunca passa; tudo nasce e morre e ainda assim existe algo que nunca nasce e nunca morre. E a menos que você fique centrado nessa fonte eterna, você não vai encontrar paz, não vai encontrar serenidade. Não vai encontrar felicidade, não vai encontrar contentamento. Não vai se sentir em casa, à vontade no universo. Você continuará a ser apenas um acidente, nunca se tornará essencial.

O objetivo de qualquer método de meditação é levar você para mais perto daquilo que nunca muda, daquilo que existirá para sempre. Isso não conhece o tempo – se não há nenhuma mudança, como pode haver passado, futuro, presente? O mundo que conhece o passado, o presente e o futuro só pode ser relativamente real. Hoje está aqui, amanhã ele não existe mais. O corpo em que você tanto acreditava um dia morre. A mente em que você tanto acreditava não segue você, ela morre com o corpo. Era uma parte do mecanismo do corpo.

Aquilo que voa para fora do corpo na morte é um pássaro invisível voando num céu invisível. Mas, se estiver consciente, você estará dançando, porque pela primeira vez vai saber o que é liberdade. Não é uma liberdade política ou uma liberdade econômica. É uma liberdade mais básica, existencial. E qualquer coisa que se desenvolve a partir dessa liberdade é bonita, graciosa. Seus olhos são os mesmos, mas a sua visão mudou. Seu amor continua existindo, mas já não é mais luxúria, não é mais possessividade. Ele se transforma em compaixão. Você ainda partilha a sua alegria nas suas canções, nas suas danças, na sua poesia, na sua música, mas apenas por pura alegria.

> O objetivo de qualquer método de meditação é levar você para mais perto daquilo que nunca muda, daquilo que existirá para sempre.

Tem sido um debate secular: para que serve a arte? Utilitaristas pragmáticos dizem que a arte tem de servir para alguma coisa, caso contrário é inútil. Mas essas pessoas não conhecem a arte. A arte não tem outro objetivo senão ela mesma. É a pura alegria de um cuco solitário, dos bambus em silêncio, de um pássaro voando no céu. Apenas o próprio voo, a própria sensação de liberdade já bastam. Não precisam servir para qualquer outra coisa.

Mas isso só é possível se você conheceu a sua existência fundamental. Você está familiarizado com a mente, que é emprestada, que é cultivada, instruída. Você está familiarizado com o seu corpo muito superficialmente. Você não sabe como ele funciona, embora seja seu corpo. Você não sabe como ele transforma alimentos em sangue, como ele distribui oxigênio para as suas diferentes partes. O corpo tem sua própria sabedoria. A natureza não deu a você a incumbência de se lembrar de respirar, porque você poderia se esquecer. Você é tão sonolento, a natureza não pode assumir o risco! Se você tivesse que se lembrar da respiração, eu não acho que estaria aqui agora! Você teria se esquecido de respirar há muito tempo!

> A natureza não deu a você a incumbência de se lembrar de respirar, porque você poderia se esquecer. Você é tão sonolento, a natureza não pode assumir o risco!

Mas, se você se lembra ou não, se está acordado ou dormindo, a respiração continua por conta própria, o coração continua trabalhando por conta própria, o estômago continua digerindo por conta própria. O corpo não pede o seu conselho, nem precisa de nenhuma educação clínica, nem de nenhuma opinião. Ele tem uma sabedoria intrínseca própria.

Mas o corpo é apenas a sua casa, você não é o corpo. Essa casa vai ficar velha um dia. Um dia suas paredes vão começar a ruir, as suas portas vão cair. Um dia não haverá nem mesmo vestígios dessa casa; não existirá mais nada. Mas o que aconteceu com o homem que morava na casa?

Você tem que entender esse princípio. Você pode chamá-lo de percepção, iluminação, consciência, estado búdico, não importa o nome que dê. Mas é responsabilidade absoluta de todo ser humano não perder tempo com assuntos mundanos. Primeiro o mais importante! E a primeira coisa é ser e saber o que esse ser é. Não vá correr atrás de borboletas. Não continue olhando para o horizonte, que parece existir mas não existe.

Isso me lembra... Vinte e três séculos atrás, Alexandre o Grande foi para a Índia. Seu professor era um grande filósofo, o pai da lógica, Aristóteles. E quando ele estava partindo para a Índia, Aristóteles lhe perguntou:

— Você pode me trazer algo de lá como presente?

Alexandre disse:

— Qualquer coisa, basta dizer.

Aristóteles disse:

— Não é tão fácil, mas vou esperar que traga. Por favor, traga-me um sanyasin quando você voltar, um homem que tenha atingido a autorrealização. Porque não sabemos o que isso significa... o que significa ser um buda. Encontre um buda e traga-o com você.

Alexandre não tinha consciência do que estava prometendo. Ele disse:

— Não se preocupe. Se Alexandre quiser mover o Himalaia, ele terá que se mover. E você está pedindo apenas um ser humano. Espere só. Dentro de alguns meses estarei de volta.

Havia tanto a fazer que Alexandre lembrou-se apenas no último instante que tinha se esquecido de encontrar um buda, alguém que conhecia a realidade mais íntima e secreta. Ele perguntou na fronteira da Índia, quando estava voltando. As pessoas riam da própria ideia. Diziam:

– Em primeiro lugar, é muito difícil reconhecer que alguém é um buda. Em segundo lugar, se por acaso você estiver aberto o suficiente para receber o esplendor de um buda, vai cair aos pés dele. Vai esquecer essa ideia de levá-lo com você. Esperamos que não encontre um buda, só volte para casa.

Alexandre não conseguia entender... Que tipo de ser humano é um buda que não pode ser subjugado pela força? Por fim, ele disse:

– Envie mensageiros por todo o lugar, descubra se existe alguém que afirme ter passado pela iluminação.

Seus homens voltaram e disseram:

– Um sanyasin nu na beira do rio disse: "Onde mais eu posso estar? Estou aqui. E quem mais eu posso ser? Sou o buda".

Alexandre foi conhecer o homem. O diálogo foi belíssimo, mas muito chocante para Alexandre, o Grande. Ele nunca tinha se deparado com um homem como aquele, porque, antes mesmo de ele dizer uma única palavra, Alexandre já estava com a espada em punho. O homem velho, nu, pobre, disse:

– Guarde a sua espada, ela não será necessária aqui. Um homem de tamanha inteligência carregando uma espada? Eu vou bater em você! Basta colocar a espada na bainha.

Pela primeira vez, Alexandre encontrava alguém que podia lhe dar uma ordem, e ele teve que obedecer. Apesar de ser quem era, ele teve que obedecer. E disse:

– Eu rogo apenas que venha comigo, para a minha terra. Meu professor quer ver um buda. No Ocidente, não sabemos nada sobre o que significa este eu interior.

O velho riu. Ele disse:

– Isso é hilário! Se o professor não sabe, ele não é professor coisa nenhuma. E, se quer ver um buda, terá de ir até o buda; o buda não pode ser levado até ele. Basta dizer ao seu professor, "Se está com sede, que venha até o poço; o poço não vai até você". E quanto a ti, Alexandre – disse o velho –, aprenda pelo menos a ser humano. Você se apresentou como Alexandre, o Grande. Esse é o ego que está impedindo você de conhecer o seu buda. Você o está carregando dentro de si, mas essa "grandeza", esse desejo de conquistar o mundo... O que você vai conseguir conquistando o mundo? Logo a morte vai tirar tudo. Você vai morrer nu, vai ser enterrado na terra. Ninguém vai nem mesmo se importar em não pisar em cima de você e você não poderá se opor, "Não se aproxime. Sou Alexandre, o Grande". Por favor, deixe de lado essa ideia de grandeza. E lembre-se também que "Alexandre" nem é o seu nome.

Alexandre se indignou:

– Como assim, não é o meu nome? Claro que é!

O sanyasin disse:

– Ninguém vem ao mundo com um nome. Todos os nomes são dados, são rótulos que lhe dão, e você se torna o rótulo. Você esqueceu completamente que veio ao mundo sem nome, sem fama, e vai morrer da mesma forma. Diga ao seu professor para vir aqui enfrentar o leão. Só se tiver a capacidade de mergulhar dentro de si é que ele poderá saber o que significa ser um buda, o que significa ser iluminado. Você não vai compreender isso apenas encontrando alguém que seja iluminado. É como outra pessoa bebendo água. Isso não vai saciar a sua sede.

Alexandre tocou os pés do velho homem e disse:

– Sinto muito incomodá-lo. Talvez não compreendamos a língua um do outro.

E ainda hoje é verdade: a mente ocidental e a mente culta ocidental esqueceram-se da linguagem do misticismo, do Oriente. Você tem que ser muito consciente, muito alerta, para não entender mal. Um mundo diferente, um clima diferente que costumava existir, que fez deste mundo uma bela peregrinação de investigação e de busca... Agora é apenas um mercado para compra de armas, para lutar e matar e guerrear. Quem se importa com a meditação? Parece algo muito distante. Não parece estar relacionado conosco, de qualquer maneira. Mas a menos que esteja aberto para esse eco distante, você não vai entender.

Aconteceu... Havia um estudioso muito culto, nos tempos de Gautama Buda, que era cego. E ele era tão articulado no debate e na argumentação que toda a aldeia era torturada por ele, porque todo mundo tentava:

– Você é cego, é por isso que não pode compreender a luz.

Mas ele dizia:

– Então me ajude a compreendê-la através de outras fontes. Eu posso ouvir, toque um tambor.

Mas não dá para se tocar a luz como se toca um tambor.

E o cego dizia:

— Eu posso tocar, pelo menos me deixem tocar a luz. Minha mão está aberta. Onde está a sua luz? Posso sentir cheiros...

Mas nenhum desses sentidos é capaz de sentir a realidade da luz. A aldeia inteira ficava torturada:

— O que fazer com este homem? Ele é tão argumentativo... todos nós sabemos o que é a luz, mas ele nega a realidade dela. E tem razões válidas. Nós não podemos oferecer nenhuma prova.

Eles ouviram que Gautama Buda estava chegando na aldeia. Pensaram: "Esta é uma boa oportunidade para levar este homem cego a Gautama Buda. Se Gautama Buda não puder convencê-lo, então talvez ninguém mais possa. E de qualquer maneira, será interessante. Vamos poder ver até que ponto Gautama Buda vai conseguir discutir com esse homem". Mas eles estavam errados. Gautama Buda não discutiu com o homem. Ele simplesmente disse:

— Não atormentem esse homem. Que coisa feia dizer a ele que a luz existe! Se vocês tivessem compaixão, teriam tentado encontrar um médico para curar os olhos dele. A luz não é um argumento; é preciso olhos para vê-la e aí não haverá nenhuma dúvida.

O Buda tinha seu próprio médico particular viajando com ele. Ele disse ao médico:

— Você permanecerá nesta aldeia até que os olhos deste homem sejam curados. Eu vou estar em peregrinação com a minha caravana.

Depois de seis meses, o médico e o cego viajaram para o lugar onde Buda estava, e o homem já não era cego. Ele veio dançando! Caiu aos pés de Gautama Buda e disse:

– Sou muito grato que você não tenha sido filosófico comigo, que não tenha me humilhado. Que, em vez de travar um grande debate, você simplesmente tenha usado um argumento muito simples: que não se trata da luz, trata-se de ter olhos.

O mesmo vale para o eu interior. Não se trata de inteligência, não se trata de racionalidade, não se trata de lógica, de conhecimento científico, de escrituras. Trata-se de mergulhar de olhos fechados em seu próprio ser, oculto atrás de seus ossos. Depois que ele é conhecido, um grande relaxamento acontece. A vida pela primeira vez se torna uma dança. A morte não é mais uma perturbação.

Há uma história antiga... um peixe jovem muito curioso indaga:

– Eu ouço falarem muito sobre o oceano, mas não sei onde ele fica.

Um peixe mais velho diz ao jovem filósofo:

– Não seja tolo! Estamos no oceano e nós somos o oceano. Viemos dele e vamos desaparecer dentro dele. Não somos nada exceto ondas no oceano.

O mesmo vale para os pássaros. Você acha que eles conseguem ver o céu? Embora voem todos os dias – para lugares distantes –, eles não veem o céu. Porque nasceram no céu e um dia vão desaparecer no céu.

Essas são afirmações simbólicas. Elas estão, na verdade, dizendo que você faz parte do universo. Você surge como uma onda no universo e desaparece um dia, voltando para o universo. Esse universo não é algo objetivo, é algo subjetivo. É algo que está conectado com o âmago do seu ser. Se você se encontrou, encontrou todo o oceano, o céu inteiro, com todas as suas estrelas, com todas as suas flores, com todas as suas aves. Encontrar a si mesmo é encontrar tudo. E se você se perder... pode ter palácios e impérios e grandes riquezas, tudo vai ser inútil.

Encontrar a si mesmo é encontrar tudo. E se você se perder... pode ter palácios e impérios e grandes riquezas, tudo vai ser inútil.

Os peixes e os pássaros são seres espontâneos. Com exceção do ser humano, em todo este universo nenhuma criatura enlouquece. Você continua a trabalhar mesmo que não haja nenhuma necessidade de trabalhar. Se mantém ocupado, sem ter nada para fazer, caso contrário alguém vai apontar para você e perguntar: "O que você está fazendo?" Você não vai ter coragem de dizer: "Estou apenas existindo". As pessoas vão rir e sugerir: "Faça alguma coisa, só existir não basta. Arrume um emprego! Ganhe dinheiro". Mas um peixe não vai trabalhar mais do que o absolutamente necessário.

Henry Ford, antes de morrer, ouviu a seguinte pergunta:

– Você ganhou mais dinheiro do que qualquer outra pessoa no mundo. Ninguém conseguiu superá-lo. Por que continuar a trabalhar tanto?

Ele costumava chegar ao escritório às sete horas da manhã. Os guardas do prédio chegavam às oito, os funcionários às nove, os gerentes às dez. Os gerentes iam embora às quatro, os funcionários às cinco, os guardas às seis, mas Henry Ford continuava trabalhando. E ele era o homem mais rico da sua época.

O homem estava certo em perguntar:

– Por que você continua trabalhando sem parar? É desnecessário. Você já ganhou muito dinheiro, poderia fazer o que quisesse.

A resposta foi a de um homem sábio – não iluminado, mas certamente a vida o deixou mais sábio. Ele disse:

– Isso se tornou um hábito. Eu não conseguia parar de trabalhar e ficar cada vez mais rico. Sabia que não era mais necessário, mas é muito difícil largar um velho hábito, um hábito de uma vida inteira.

Com exceção do ser humano... nenhuma árvore tem hábitos, nenhum pássaro, nenhum peixe. Toda a natureza é espontânea. Ela simplesmente funciona quando é necessário, e para de funcionar e permanece simplesmente em silêncio quando não é mais necessário. Na verdade, para mim isso é sanidade: fazer apenas o necessário. Avance um centímetro a mais e você já vai além da sanidade, você se torna insano. E a insanidade não tem fim.

Isso pode ser compreendido a partir de muitos aspectos. Com exceção do ser humano, nenhum animal está interessado em sexo ao longo de todo o ano. Há uma temporada certa, uma época de acasalamento. E depois que a temporada se foi, no restante do ano, ninguém se interessa por sexo. Você não vai encontrar maníacos sexuais entre as aves, nem vai encontrar celibatários. Você não vai encontrá-los nem mesmo na época de acasalamento, quando eles ficam mais agitados.

Fui observar pássaros, animais, e fiquei espantado ao ver que a atividade sexual parece uma coisa forçada para eles. Não parecem felizes. Basta olhar para um cão cruzando. Ele está fazendo isso por causa de alguma compulsão, alguma compulsão biológica; caso contrário, não estaria interessado. E depois que o período de acasalamento acaba, não há mais interesse nenhum. É por isso que o casamento não existe no mundo animal. O que você faz quando casa? Depois que a época de acasalamento termina, dão adeus um ao outro!

Mas com o ser humano é um hábito. Ele transformou até mesmo uma necessidade biológica num hábito. Você vai se surpreender ao saber que, de acordo com os psicólogos e suas pesquisas, todo homem pensa em mulheres pelo menos uma vez a cada quatro minutos, e toda mulher pensar em homens pelo menos uma vez a cada sete minutos. Essa disparidade é a causa dessa grande tristeza.

É por isso que toda noite, quando o marido chega em casa... a mulher está perfeitamente bem e de repente começa a fazer uma cara de dor, fica com dor de cabeça. Maridos inteligentes levam para casa uma aspirina com eles! Mas são raros os maridos inteligentes, porque, se você for esperto, nunca vai ser marido de ninguém. Esse tipo de coisa é para os pouco inteligentes, os inteligentes permanecem absolutamente livres.

Se você observar a humanidade, não vai acreditar que este mundo não é um hospício. Alguém está fumando um cigarro... até mesmo no maço está escrito que é perigoso para a vida.

Há pessoas que gostam de gomas de mascar. Não existe coisa mais idiota. Goma de mascar? Goma feita para mastigar? As pessoas estão fazendo todo tipo de coisas que, se você observar e reparar, vão achar... "Meu Deus! Olha essas coisas que estou fazendo, e as pessoas ainda acham que eu tenho o juízo perfeito!" Mas todo mundo está usando uma máscara e tentando esconder toda insanidade atrás dela. Esse é o propósito da Meditação Dinâmica... Dá a você a oportunidade de tirar a sua máscara e deixar sair toda a insanidade de séculos. Não a pegue de volta, porque essa é uma tremenda limpeza. E depois que você passa a ser uma consciência cristalina, imaculada, a sua condição de buda não está longe, talvez falte apenas um passo.

A relação oceânica do homem com a existência está totalmente rompida, não há mais nenhuma ponte. E é isso que está fazendo com que ele faça todo tipo de coisa idiota. Em três mil anos, cinco mil guerras... Não dá pra acreditar que estamos aqui apenas para matar uns aos outros! Não há nada mais importante do que armas nucleares? Setenta por cento da riqueza de toda a humanidade vai para os esforços de guerra. Até mesmo os países pobres, onde não conseguem nem alimentar o povo duas vezes por dia, onde estão vivendo abaixo da linha da pobreza, ainda assim estão desperdiçando setenta por cento de sua renda criando bombas, comprando armas. Você acha que existe coisa mais insana do que uma guerra?

Um país como a Alemanha, um dos mais cultos, caiu nas mãos de um louco, Adolf Hitler. Ninguém pensa na razão por que isso aconteceu. Mesmo um homem como Martin Heidegger, talvez o maior filósofo na Alemanha, era seguidor de Adolf Hitler. E Adolf Hitler era absolutamente insano. Ele precisava ser hospitalizado.

Mas deve haver algo em todo ser humano que se sinta atraído por alguém como ele. Toda a Alemanha, com toda a sua inteligência, tornou-se vítima desse louco. E você pode ver a estupidez. Ele disse: "É por causa dos judeus que a Alemanha ainda não é uma potência mundial, caso contrário, seria nosso direito inato governar o mundo. É por causa dos judeus".

Por que as pessoas se convenceram de que ele estava certo ao dizer uma coisa tão absurda? Que os judeus estavam impedindo a Alemanha de se tornar uma grande potência? Os judeus contribuíram com riquezas, inteligência, tantas coisas para a Alemanha. Então, por que todos os outros alemães se convenceram disso? Foi por ciúmes. Os judeus eram ricos, os judeus eram inteligentes, os judeus sempre estiveram no topo de tudo.

É muito perigoso ser bem-sucedido num mundo insano, porque todo mundo quer matar você. Sem nenhum motivo; certo ou errado, não importa. Toda Alemanha se convenceu, não porque houvesse algum argumento ou razão válida nas declarações de Adolf Hitler; mas porque todos os alemães estavam com ciúmes da inteligência judaica, do sucesso, da riqueza, do estilo de vida deles. Por causa desse ciúme, Adolf Hitler convenceu até mesmo os alemães mais inteligentes a agir como animais.

E agora as armas que Adolf Hitler usou parecem brinquedos de criança. Desde a Segunda Guerra Mundial, a

É muito perigoso ser bem-sucedido num mundo insano, porque todo mundo quer matar você.

tecnologia tem ficado muito mais sofisticada... e ela ainda está nas mãos de todo o tipo de políticos, e os políticos são pessoas psicologicamente doentes. A própria sede de poder é uma doença.

Um homem saudável quer amar, não possuir, não dominar. Um homem saudável exulta de alegria pela vida, ele não sai por aí pedindo votos. São as pessoas que sofrem de uma inferioridade profunda que querem ter algum poder, para provar a si mesmas e aos outros que são superiores. A pessoa realmente superior não se importa com essa coisa de poder. Ela sabe da sua superioridade, ela vive sua superioridade.

> A pessoa realmente superior não se importa com essa coisa de poder. Ela sabe da sua superioridade, ela vive sua superioridade.

Em suas canções, em suas danças, em sua poesia, em seus quadros, em sua música, ela vive sua superioridade. Somente os que se sentem inferiorizados vão para a política.

Você pode estar consciente da sua condição de buda ou não estar consciente da sua condição de buda – não se preocupe. Quando chegar o momento certo e a época certa, você vai florescer como um buda. Então, é só esperar... esperar com inteligência, esperar sem desejo; desfrutar da espera, esperar num silêncio feliz, e tudo o que é seu por direito nato um dia vai floresce. Ninguém pode impedir um pássaro de voar, ninguém pode impedir que um cuco cante, ninguém pode impedir que uma rosa desabroche. Quem está impedindo você de se tornar um buda? Ninguém além de você mesmo é responsável por isso.

Se você mergulhar em seu mundo interior e em seu céu interior, encontrará uma eternidade infinita, uma peregrinação sem começo nem fim... uma imortalidade, uma perenidade, que de repente transforma você totalmente, sem nenhum esforço, sem nenhuma austeridade, sem que precise se torturar. Você já é o que quer ser, apenas uma coisinha está faltando – muito pequena. Acorde! Em seu despertar você é um buda.

Em seu sono você continua sendo um buda, mas você não está consciente disso. Quando uma pessoa se torna um buda, ela sabe que todo mundo é um buda. Alguém está dormindo, alguém está roncando, alguém está correndo atrás de uma mulher, alguém está fazendo algum outro tipo de estupidez, mas budas são budas. Mesmo se você estiver fumando um cigarro, isso não significa que perdeu a sua essencialidade; isso só mostra o seu sono e nada mais.

Entregando-se, relaxando, aquietando-se em si mesmo, a origem é recuperada.

Psicológico versus *Físico*
Não tenho certeza se tenho tanto medo da morte quanto tenho de qualquer doença ou da dor da velhice que pode levar a enfermidades. Como é que se supera o medo da dor física?

A dor psicológica pode ser sanada, e *só* essa dor pode ser sanada. A outra dor, a dor física, faz parte da vida e da morte; não há nenhuma maneira de saná-la. Mas ela nunca é problema. Já observou?

O problema só existe enquanto você está *pensando* nele. Se pensa na velhice, você fica com medo, mas as pessoas de idade não estão tremendo de medo. Se você pensa na doença, você fica com medo, mas, quando a doença já aconteceu, não há medo, não há nenhum problema. A pessoa aceita como um fato. O problema real é sempre psicológico. A dor física faz parte da vida. Quando você começa a *pensar* nela, não é mais dor física, ela se torna psicológica. Você pensa na morte e surge o medo, mas, quando a morte realmente acontece, não há medo. O medo está sempre relacionado com algo no futuro. O medo nunca existe no momento presente.

Se estiver indo para o *front*, numa guerra, você vai ter medo, vai ficar muito apreensivo. Vai tremer, não conseguirá dormir; muitos pesadelos irão assombrá-lo. Mas depois que você está no *front*, pode perguntar aos soldados, depois que você está lá esquece tudo sobre ele. As balas podem passar raspando e, enquanto isso, você saboreia o seu almoço; as bombas podem estar caindo e você pode estar jogando cartas.

A realidade nunca é um problema; são as ideias sobre a realidade que criam o problema.

A realidade nunca é um problema; são as ideias sobre a realidade que criam o problema. Então, a primeira coisa a ser entendida é que, se você conseguir sanar a dor psicológica, não vai restar nenhum problema. Você começa a viver o momento.

A dor psicológica pertence ao passado, ao futuro, nunca ao presente. A mente nunca existe no presente. No presente, a realidade existe, não a mente. A mente existe no passado e no futuro; e, no passado e no futuro, a realidade não existe. Na verdade, a mente e a realidade nunca se depararam uma com a outra. Nunca viram a cara uma da outra. A realidade é uma desconhecida para a mente, e a mente é uma desconhecida para a realidade.

Existe uma antiga fábula...

> A escuridão se aproximou de Deus e disse:
> – Basta! Seu sol continua me assombrando, me perseguindo. Eu nunca posso descansar, aonde quer que eu vá para descansar ele está lá e tenho que fugir novamente. Eu não fiz nada de errado para ele, isso é injusto! Vim para que você faça justiça.
>
> Ela tinha razão, a reclamação era válida. Deus chamou o sol e perguntou:
> – Por que você fica perseguindo essa pobre mulher, a escuridão? O que ela fez para você?
>
> O sol disse:
> – Eu não a conheço, nunca a vi! Traga-a diante de mim; só então posso dizer alguma coisa. Não me lembro de ter feito algo para ela, porque eu não a conheço; nunca nos encontramos. Ninguém nunca nos apresentou, eu nem sequer a conhecia. Esta é a primeira vez que ouço falar dessa mulher, essa escuridão. Por favor, nos apresente!

O caso continua sem solução, porque Deus não poderia colocar a escuridão diante do sol. Eles não podem coexistir, eles não podem se encontrar. Onde a escuridão está, o sol não pode estar; onde o sol está, a escuridão não pode ficar.

Exatamente a mesma relação existe entre a mente e a realidade. A psicologia é o problema, a realidade nunca é um problema. Basta dissipar os seus problemas psicológicos – e isso se faz dissipando-se o centro de todos eles, o ego. Depois que você não se considera separado da existência, os problemas simplesmente evaporam como o orvalho desaparece pela manhã, quando o sol nasce, sem deixar nenhum vestígio. Eles simplesmente desaparecem.

A dor física permanecerá, mas mais uma vez eu insisto em dizer que ela nunca foi problema para ninguém. Se a perna está quebrada, ela está quebrada. Não é um "problema". O problema está apenas na imaginação: "Se a minha perna está quebrada, então o que é que eu vou fazer? Como eu poderia evitar quebrá-la? Ou como me comporto para que ela nunca mais se quebre?" Agora, se ficar com medo dessas coisas, você nunca vai viver, porque suas pernas podem se quebrar, o seu pescoço pode se quebrar, os seus olhos podem ficar cegos, tudo é possível. Milhões de coisas são possíveis, e se você ficar obcecado com todos esses problemas que são possíveis... Eu não estou dizendo que eles não sejam possíveis, eles são todos possíveis. O que quer que tenha acontecido a qualquer ser humano, um dia pode acontecer com você. O câncer pode acontecer, a tuberculose pode acontecer, a morte pode acontecer; tudo é possível. O ser humano é vulnerável. Você pode atravessar a rua e ser atropelado por um carro.

Não estou dizendo que você não deva sair na rua. Você pode se sentar no seu quarto e o telhado desabar! Não há como se manter totalmente a salvo. Você pode ficar deitado na sua cama... mas você sabia que 97 por cento das pessoas morrem na própria cama? Esse é o lugar mais perigoso! Evite-o tanto quanto possível; nunca vá para a cama, porque 97 por cento das pessoas morrem ali. Nem viajar de avião é tão perigoso; é mais perigoso ficar na cama. E, lembre-se, mais pessoas morrem durante a noite... por isso, pode continuar com medo!

Então, você é quem sabe. Mas não vai conseguir viver direito.

Os problemas psicológicos são o único problema. Você pode ficar paranoico, pode ficar dividido, pode ficar paralisado por causa do medo, mas isso não tem nada a ver com a realidade.

Você vê um cego andando na rua sem nenhum problema; a cegueira em si não é um problema. Você pode ver mendigos com as pernas deformadas, sem as mãos e ainda rindo e fofocando uns com os outros, ainda falando sobre mulheres, fazendo observações, cantando.

Basta ver a vida: a vida nunca é um problema. Nós temos uma enorme capacidade para nos adaptar à realidade, mas ainda não temos capacidade para nos adaptar ao futuro. Quando você tenta se proteger, e ficar seguro no futuro, você causa um tumulto interior, um caos.

A vida nunca é um problema. Nós temos uma enorme capacidade para nos adaptar à realidade.

Você vai começar a desmoronar. Aí vai haver milhões de problemas. Problemas e mais problemas. Você não pode sequer cometer suicídio, porque pode não ser o veneno certo. Alguém pode ter misturado algo nele; pode não ser veneno coisa nenhuma. Você pode tomá-lo e deitar e esperar, esperar um tempão, sem que a morte venha.

Depois disso, tudo é problema.

> Mulá Nasrudin ia se suicidar. Ele cruzou com um astrólogo na rua e o astrólogo disse:
> – Mulá, espere. Deixe eu ver sua mão.
> Ele disse:
> – Por que eu deveria me preocupar com a astrologia agora? Vou cometer suicídio! Portanto, vai ser inútil; não tenho mais futuro.
> O astrólogo disse:
> – Espere aí. Deixe eu ver se você vai ser bem-sucedido ou não.

O futuro permanece. Você pode não ter sucesso, pode ser impedido pela polícia, a arma pode falhar. Não há como ter certeza do futuro, nem mesmo quando se trata da morte, nem mesmo quando se trata de suicídio, que dirá a vida? A vida é um fenômeno tão complexo! Como você pode ter certeza? Tudo é possível e nada é certo.

Se você ficar com medo, isso é só a sua psicologia. Algo tem que ser feito para a sua mente. E se você me entender corretamente, a meditação nada mais é que um esforço para olhar a realidade sem a mente – porque essa é a única maneira de olhar para a realidade.

Se a mente entra em cena, ela distorce, ela corrompe a realidade. Abandone a mente e veja a realidade direta e imediata, cara a cara, e não vai haver nenhum problema. A realidade nunca criou nenhum problema para ninguém. Eu estou aqui, você também está aqui, não vejo um único problema. Se eu ficar doente, eu vou ficar doente. Por que se preocupar? Por que fazer um alarido sobre isso? Se eu morrer, morro e pronto.

O problema precisa de espaço. No momento presente, não há espaço. As coisas só acontecem, não há tempo para pensar. Você pode pensar sobre o passado, porque há uma distância; você pode pensar sobre o futuro, há uma distância. Na verdade, o futuro e o passado são criados apenas para nos dar espaço para que possamos nos preocupar. E quanto mais espaço você tem, mais preocupação.

Agora em culturas como a indiana, as pessoas vivem ainda mais preocupadas, porque pensam na próxima vida e na próxima, *ad infinitum*. "O que vai acontecer na próxima vida?" Quando uma pessoa vai fazer algo, não pensa só nas consequências para esta vida, ela pensa: "Que karma eu vou acumular para a minha vida futura?" Agora ela fica ainda mais preocupada. A pessoa numa cultura como a da Índia tem mais espaço. Como é que ela vai preencher esse espaço? Ela

> O futuro e o passado são criados apenas para nos dar espaço para que possamos nos preocupar. E quanto mais espaço você tem, mais preocupação.

vai preenchê-lo com mais problemas. A preocupação é uma forma de preencher o espaço vazio do futuro.

A dor física não é um problema. Quando ela existe, existe e pronto; quando ela não existe, não existe e pronto. O problema surge quando algo não existe e você quer que exista, ou quando algo existe e você não quer que exista. Esses tipos de problemas são sempre psicológicos: "Por que essa dor existe?" Agora, isso é tudo psicológico. Quem pode dizer por que a dor existe? Não há ninguém para responder. Explicações podem ser dadas, mas não são respostas de fato.

As explicações são simples. É muito simples: a dor existe porque o prazer existe. O prazer não pode existir sem dor. Se você quer uma vida que seja absolutamente indolor, então vai ter que viver uma vida sem nenhum prazer; eles fazem parte do mesmo pacote. Não são duas coisas na verdade; são uma coisa só. Não são diferentes, não estão separadas, e não podem ser separadas.

Isso é o que o ser humano tem feito ao longo dos séculos: separar, tentar de alguma forma ter todos os prazeres do mundo e não ter nenhuma dor. Mas isso não é possível. Quanto mais prazeres você tem, mais dor também tem. Quanto maior a montanha, mais profundo será o vale ao lado. Você não quer nenhum vale e grandes montanhas? Então as montanhas não podem existir; só podem existir com os vales. O vale nada mais é que uma situação em que a montanha se torna possível. Eles estão unidos.

Você quer ter prazer e não quer ter dor. Por exemplo, você ama uma mulher, ou você ama um homem, e quando a mulher está com você, você está feliz. Agora, você gostaria de ser feliz sempre que ela está com você, mas, quando ela vai embora, você não quer a dor. Se você está realmente feliz com uma mulher quando ela está com você, como pode evitar a dor da separação quando ela se vai? Você vai sentir falta dela, vai sentir a ausência. A ausência fatalmente vai se transformar em dor. Se você realmente não quer ter nenhuma dor, então precisa evitar todo o prazer. Então, quando a mulher está ao seu lado, você não fica feliz; continua triste, continua insatisfeito para que o momento da separação não seja um problema. Se alguém elogia você e você fica feliz, então, quando alguém insultá-lo, você vai ficar infeliz. Esse truque já foi tentado. Tem sido um dos truques mais básicos que todas as pessoas supostamente religiosas tentaram: se quer evitar a dor, evite o prazer. Mas, então, o que adianta? Se você quer evitar a morte, evite a vida, mas o que adianta isso? Você vai estar morto. Antes da morte, vai estar morto. Se quer ficar perfeitamente seguro, entre no seu túmulo e deite-se lá e você ficará perfeitamente seguro! Não respire, porque, se respirar, é perigoso. Existe todo tipo de infecção, um milhão de doenças existem ao seu redor. Como você pode respirar? O ar está poluído, é perigoso. Portanto, não respire, não se mova... simplesmente não viva. Cometa suicídio; então não haverá nenhuma dor. Mas por que você está em busca disso? Por que não quer nenhuma dor e todo o prazer? Você exige algo impossível. Você quer que dois mais dois não sejam quatro. Quer que seja cinco, ou três, ou qualquer outra coisa, menos quatro. Mas são quatro. Faça o que fizer, por mais que você tente enganar a si mesmo e aos outros, dois mais dois será sempre quatro.

Dor e prazer andam juntos como a noite e o dia, como o nascimento e a morte, como o amor e o ódio. Num mundo melhor, com uma linguagem mais desenvolvida, não vamos usar palavras como ódio e amor, raiva e compaixão, dia e noite. Vamos criar algumas palavras que significam as duas coisas: "amoródio" – uma palavra só –; "dianoite" – uma palavra, não duas –; "nascimorte" – uma palavra, não duas –; "prazerdor" – uma palavra, não duas.

A linguagem cria uma ilusão. Na linguagem, a dor está separada do prazer. Se você quiser encontrar a palavra "dor" no dicionário, tem que procurar em "dor". Você tem que olhar "dor". A palavra "prazer" será uma palavra separada. Mas, na realidade, a dor e o prazer estão juntos, assim como a sua mão direita e a sua mão esquerda, assim como as duas asas de um pássaro. O dicionário cria uma ilusão; a língua é uma grande fonte de ilusões. Ela diz "amor" e, quando diz "amor", você nunca pensa em ódio. Você se esquece completamente do ódio, mas o amor não pode existir sem o ódio. É por isso que você ama uma pessoa e odeia a mesma pessoa.

Nunca se sinta mal por causa disso. Se você ama, vai odiar também.

Nunca se sinta mal por causa disso. Se você ama, vai odiar também. Haverá momentos em que a parte do ódio estará mais evidente. Haverá momentos em que a parte do amor vai estar mais evidente. Não fique mal por causa disso; é natural e humano. Você gostaria de viver num mundo onde só existisse frio e nenhum calor, ou que existisse calor sem nunca fazer frio. Pense um pouco, é absurdo, porque o calor e frio andam juntos. Tudo depende de como você os chama.

Você pode colocar água em dois baldes: num, água quente, fervente, e no outro, água gelada, fria. Depois coloque cada mão em um deles e apenas sinta. Há duas sensações? Ou é um espectro? Num extremo está frio, no outro extremo está quente. Então deixe passar um tempo. Pouco a pouco você vai ver que elas vão chegar cada vez mais perto. A quente vai ficando menos quente e a fria vai ficando menos fria. Depois de algumas horas você vai dizer: "Elas estão na mesma temperatura agora". Ou você pode tentar uma experiência com um balde cheio d'água. Coloque uma mão perto de uma fonte de calor e a outra mão em água gelada. Deixe uma mão fria e a outra quente, e em seguida mergulhe as mãos no mesmo balde e sinta. Para uma mão a água vai parecer fria e para a outra vai parecer quente, mas é a mesma água. É relativo. Algo pode parecer prazer a você, e a mesma coisa pode parecer dor para outra pessoa.

Por exemplo, você está fazendo amor com uma mulher. Você acha muito agradável. Pergunte a um monge, e ele vai ficar simplesmente horrorizado: "O que você está fazendo? Você ficou louco!" Talvez seja por isso que as pessoas fazem amor entre quatro paredes, caso contrário as outras iriam rir e ridicularizá-las. Todos os movimentos da vida amorosa vão parecer absurdos, ridículos. Num estado de espírito apaixonado, você fica quase embriagado.

Quando está com raiva, você toma certas atitudes. Nesse momento isso lhe dá prazer, caso contrário, você não faria. A raiva dá enorme prazer, poder, a sensação de poder. Mas, quando a raiva se vai, você começa a sentir arrependimento, remorso. Você começa a sentir que não foi bom, agora é doloroso. Na hora você se sentiu poderoso e sentiu prazer. Agora, num estado menos febril, você analisa suas atitudes. Agora que você está sereno e recomposto, o que fez parece doloroso. Uma coisa pode ser prazerosa, a mesma coisa pode ser dolorosa. Depende. E a mesma coisa pode ser agradável para você e para outra pessoa pode ser dolorosa. Isso também depende. Prazer e dor andam lado a lado.

Minha sugestão é que, ao sentir dor, você se aprofunde nela, não a evite. Deixe que doa, fique aberto para a dor; fique tão sensível quanto possível. Deixe a dor e sua flecha penetrarem o seu âmago. Sofra. E, quando o prazer vier, deixe que ele também atinja o núcleo do seu ser. Dance com ele.

Se houver dor, fique com a dor e, se houver prazer, fique com prazer. Torne-se tão totalmente sensível que, a cada momento, dor e prazer sejam uma grande aventura. Se você puder fazer isso, vai entender que a dor também é linda. Ela é tão bonita quanto o prazer. Também traz mais lucidez para o seu ser, traz consciência para o seu ser, às vezes até mais do que o prazer. O prazer embota; é por isso que as pessoas que vivem apenas na indulgência são consideradas superficiais. Você não vê nenhuma profundidade nelas. Eles não conheceram a dor, viveram apenas na superfície, passando de um prazer a outro. Os "playboys"... eles não sabem o que é dor.

A dor torna você muito alerta, torna você compassivo, sensível às dores dos outros também. A dor o torna imenso, enorme, grandioso. O coração cresce com a dor. É bonita, ela tem sua própria beleza. E eu não estou dizendo para você procurar a dor. Só estou dizendo que, sempre que ela aparecer, aproveite-a também. É um presente da existência e deve haver um tesouro escondido nela. Aproveite isso também, não rejeite a dor. Aceite-a, acolha-a, fique com ela. No começo será difícil, árduo. Mas, aos poucos, você vai aprender a gostar dela.

Se você experimenta algo novo, tem que sentir o gosto que isso tem. E, claro, a dor tem um sabor amargo, mas, depois que você o conhece, ele lhe dá lucidez e inteligência. A dor sacode a poeira, todo o torpor e sonolência de você. Faz com que você fique plenamente consciente como nenhuma outra coisa. A dor pode ser mais meditativa do que o prazer. O prazer distrai mais. Ele envolve; no prazer você abandona a consciência. O prazer é uma espécie de esquecimento, um alheamento. A dor é uma lembrança; você não pode se esquecer da dor.

> A dor tem um sabor amargo, mas, depois que você o conhece, ele lhe dá lucidez e inteligência.

A dor pode se tornar uma energia muito criativa; ela pode se tornar meditação, pode se tornar consciência.

> Tudo o que a existência der a você, tente encontrar uma maneira de usar, de modo que aquilo se torne uma situação de crescimento criativo para você.

Se a dor vier, use-a como consciência, como meditação, para deixar sua alma mais lúcida. E quando o prazer estiver presente, use-o como um afogamento, como um esquecimento.

Ambos são caminhos para chegar em casa. Um deles é lembrar-se totalmente e o outro é esquecer-se totalmente. Dor e prazer, ambos podem ser usados, mas para fazer isso você tem que ser muito, muito inteligente. O que estou ensinando não é um caminho para uma pessoa sem inteligência; o que estou ensinando é para alguém inteligente, é o caminho do sábio. Tudo o que a existência der a você, tente encontrar uma maneira de usar, de modo que aquilo se torne uma situação de crescimento criativo para você.

Conhecido versus Desconhecido
Às vezes tenho a sensação de que meu medo da morte baseia-se, na verdade, no medo do desconhecido, porque não sei o que vai acontecer comigo quando eu morrer. Você pode dizer algo sobre isso?

Depois que você souber o que é a vida, vai saber o que é a morte. A morte também faz parte do mesmo processo. Normalmente pensamos que a morte vem no final, normalmente pensamos que a morte é contra a vida, normalmente pensamos que a morte é o inimigo, mas a morte não é o inimigo. E se você pensa na morte como o inimigo, isso simplesmente mostra que você não conseguiu saber o que é a vida.

Morte e vida são duas polaridades da mesma energia, do mesmo fenômeno, a maré e a vazante, o dia e a noite, o verão e o inverno. Elas não estão separadas e não são opostas, não são contrárias; são complementares. A morte não é o fim da vida. Na verdade, é o que complementa uma vida, é o seu ápice, o clímax, o *gran finale*. E depois que você conhece a sua vida e seu processo, então entende o que é a morte.

A morte é uma parte orgânica, integrante da vida, e é muito amigável à vida. Sem ela a vida não pode existir. A vida só existe por causa da morte, a morte é um pano de fundo. A morte é, na verdade, um processo de renovação. E a morte acontece a todo momento. No momento em que você inspira e no momento em que expira, ambas acontecem. Inspirando, a vida acontece; expirando, a morte acontece. Por isso, quando uma criança nasce, a primeira coisa que ela faz é respirar, então a vida começa. E quando um velho está morrendo, a última coisa que ele faz é expirar, então a vida se acaba. Expirando é a morte, inspirando é a vida, são como as duas rodas de uma carroça. Você vive expirando tanto quanto vive inspirando. A expiração faz parte da inspiração; você não pode inspirar, se parar de expirar. Você não pode viver se não morrer.

O homem que compreendeu que sua vida é permitir que a morte aconteça, recebe-a de braços abertos. Morre a cada momento e a cada momento é ressuscitado. Sua cruz e sua ressurreição estão continuamente acontecendo como um processo. Ele morre para o passado a cada instante e renasce para o futuro.

Se você analisar a vida, conseguirá saber o que é a morte. Quando entender o que é a morte, só então será capaz de entender o que é a vida. Elas são orgânicos. Normalmente, por medo, criamos uma divisão. Nós achamos que a vida é boa e a morte é ruim. Achamos que a vida tem que ser desejada e a morte precisa ser evitada. Achamos que de alguma forma temos de nos proteger contra a morte. Essa ideia absurda cria um sofrimento sem fim na nossa vida, porque uma pessoa que se protege contra a morte é incapaz de viver. Ela é a pessoa que tem medo de expirar, então não consegue inspirar e fica sufocada. Então ela simplesmente se arrasta; a vida dela não é mais um fluxo, a vida dela não é mais um rio.

Se realmente quer viver, você tem que estar pronto para morrer. Quem tem medo da morte em você? A vida tem medo da morte? Não é possível. Como a vida pode ter medo do seu próprio processo integral? Outra coisa tem medo em você. O ego tem medo em você. A vida e a morte não são opostas, o *ego* e a morte são opostos. A vida e a morte não são opostas, o *ego* e a vida são opostos. O ego é contra a vida e a morte. O ego tem medo de viver e o ego tem medo de morrer. Ele tem medo de viver porque cada esforço, cada passo, em relação à vida, traz a morte para mais perto.

Se está vivo, você está cada vez mais perto de morrer. O ego tem medo de morrer, por isso tem medo de viver também. O ego simplesmente se arrasta pela vida.

Existem muitas pessoas que não estão nem vivas nem mortas. Isso é pior do que qualquer coisa. Um homem que está totalmente vivo está cheio de morte também. Esse é o significado de Jesus na cruz. Jesus carregando sua própria cruz não foi compreendido, na verdade. E ele diz seus discípulos: "Vocês vão ter que carregar sua própria cruz". O significado de Jesus carregando a própria cruz é muito simples, não é nada mais que isso: todo mundo tem que carregar a morte continuamente, todo mundo tem que morrer a cada momento, todo mundo tem que estar na cruz, porque essa é a única maneira de viver plenamente, totalmente.

Sempre que você chegar a um momento de total vitalidade, subitamente verá a morte ali também. No amor isso acontece. No amor, a vida chega a um clímax, por isso as pessoas têm medo do amor.

Eu sempre me surpreendo quando as pessoas me procuram, dizendo que têm medo do amor. Por que medo do amor? É porque, quando você realmente ama alguém, seu ego começa a deslizar para fora e derreter. Você não pode amar com o ego. O ego torna-se uma barreira e, quando você quer deixar cair a barreira do ego, ele diz: "Isso vai matá-lo. Cuidado!"

A morte do ego não é a sua morte; a morte do ego é na verdade a sua possibilidade de vida. O ego é apenas uma crosta sem vida em torno de você, tem que ser quebrada e jogada fora.

O ego é apenas uma crosta sem vida em torno de você, tem que ser quebrada e jogada fora.

Ela se forma naturalmente, assim como acontece com um viajante. A poeira se acumula em suas roupas, em seu corpo, e ele tem que tomar um banho para se livrar da poeira.

À medida que avançamos no tempo, a poeira das experiências, do conhecimento, da vida vivida, do passado, acumula-se. Essa poeira se torna o nosso ego. Acumulada, a poeira se torna uma crosta em torno de você, que tem de ser quebrada e jogada fora. A pessoa tem que tomar banho todos os dias, na verdade a cada momento, de modo que essa crosta nunca se torne uma prisão. O ego tem medo de amar, porque, no amor, a vida chega a um pico. Mas sempre que há um pico de vida também há um pico de morte, vida e morte andam juntas.

No amor você morre e você renasce.

Lembre que a morte e a vida inflamam-se juntas, elas nunca estão separadas. Se você está minimamente vivo, vive a vida no seu mínimo, então pode ver a morte e a vida como coisas separadas. Quanto mais perto você chegar do pico, mais perto elas ficam uma da outra. No ápice elas se encontram e se tornam uma coisa só. No amor, na meditação, na confiança, na oração, onde quer que a vida se torne total, a morte está presente. Sem a morte, a vida não pode se tornar completa.

Mas o ego sempre pensa em divisões, em dualidades; ele divide tudo. A existência é indivisível; ela não pode ser dividida. Você era criança, então tornou-se um jovem; você pode demarcar o ponto exato no tempo em que de repente deixou de ser criança e se tornou jovem? Um dia você fica velho. Você pode demarcar o momento em que cruza a linha divisória e fica velho?

Processos não podem ser demarcados. Exatamente o mesmo acontece quando você nasce. Você pode determinar com exatidão quando a criança nasce ou quando a vida realmente começa? Será que a vida começa quando a criança passa a respirar? Quando o médico dá um tapinha no bebê e ele começa a respirar? É aí que a vida começa? Ou é quando a criança entra no útero, quando a mãe fica grávida, quando o bebê foi concebido? A vida começar a partir daí? Ou antes mesmo disso? Quando a vida começa, exatamente?

É um processo sem começo nem fim. Ele nunca começa. Quando é que uma pessoa morre? Ela morre quando a respiração para? Muitos yogues já provaram em termos científicos que podem parar de respirar e permanecer vivos, ou podem voltar à vida. Assim, a interrupção da respiração não pode ser o final. Onde é que a vida acaba?

Ela não acaba em lugar nenhum, não começa em lugar nenhum. Estamos imersos na eternidade. Estamos aqui desde o início – se é que houve um início – e vamos estar aqui até o fim, se houver um fim. Na verdade, não pode haver início e não pode haver fim. Nós somos a vida – mesmo que as formas mudem, os corpos mudem, as mentes mudem. O que chamamos de vida é apenas a identificação com um determinado corpo, com uma

> Estamos aqui desde o início – se é que houve um início – e vamos estar aqui até o fim, se houver um fim.

certa mente, com uma certa atitude, e o que chamamos de morte nada mais é que sair dessa forma, desse corpo, desse conceito.

Você muda de casa. Se você ficar muito identificado com uma casa, mudar de endereço será bem doloroso. Você vai achar que está morrendo porque a antiga casa era você – era a sua identidade. Mas isso não acontece, porque você sabe que está apenas mudando a casa; você permanece o mesmo. Aqueles que olharam dentro de si mesmos, aqueles que descobriram quem são, passam a conhecer um processo eterno, sem fim. A vida é um processo, atemporal, além do tempo. A morte faz parte dela.

A morte é um contínuo renascimento: um auxílio para que a vida ressuscite várias e várias vezes.

A morte é um contínuo renascimento: um auxílio para que a vida ressuscite várias e várias vezes, um auxílio para que a vida se livre de velhas formas, se livre de edifícios dilapidados, se livre de estruturas antigas de confinamento, de modo que novamente você possa fluir e rejuvenescer e remoçar, e possa voltar a ser virgem.

Eu ouvi:

Um homem entrou numa loja de antiguidades perto de Mount Vernon e se deparou com um machado de aparência antiga.

– Que machado antigo e poderoso você tem aí – ele disse ao dono da loja.

– Sim – disse o homem –, ele pertenceu a George Washington.

– Sério? – admirou-se o cliente. – Ele está muito bem conservado!

– Não é para menos! – disse o antiquário. – O cabo já foi trocado três vezes e a lâmina, duas.

Mas é assim que a vida é. Ela vai recebendo cabos novos e lâminas novas. Na verdade, parece que tudo muda e, ainda assim, algo permanece eternamente igual. Basta ver. Você era criança. O que restou disso agora? Apenas uma lembrança. Seu corpo mudou, sua mente mudou, sua identidade mudou. O que restou da sua infância? Não restou nada, apenas uma lembrança. Você não consegue nem distinguir direito se ela realmente aconteceu com você ou se você viu num sonho, leu num livro ou alguém lhe contou. Foi a sua infância ou foi a infância de outra pessoa? De vez em quando, dê uma olhada num álbum de fotografias antigas. É só ver, aquele era você! Nem conseguirá acreditar, você mudou tanto! Na verdade, tudo mudou! O cabo e a lâmina e todo o resto! Mas, ainda assim, no fundo, em algum lugar, algo continua a ser uma continuidade, um testemunho permanece contínuo. Há um fio, embora invisível, e tudo vai mudando. Mas esse fio invisível permanece o mesmo.

Esse fio está além da vida e da morte. Vida e morte são duas asas daquilo que está além da vida e da morte. Aquilo que está além continua usando a vida e a morte como as duas rodas de uma carroça, complementares. Vive a vida, supera a morte. A morte e a vida são seus processos, como a inspiração e a expiração. Mas algo em você é transcendental.

Estamos muito identificados com a forma – que cria o ego. Isso é o que chamamos de "eu". É claro que o "eu" tem de morrer muitas vezes. Por isso, está constantemente com medo, tremendo, sempre amedrontado, protegendo-se, querendo segurança.

> Um místico sufi bateu à porta de um homem muito rico. Ele era um andarilho e não queria nada além de uma refeição.
>
> O homem rico gritou para ele:
>
> – Ninguém sabe quem é você aqui!
>
> – Mas eu sei quem sou – disse o dervixe. – Que triste seria se o inverso fosse verdade. Se todo mundo soubesse quem sou, mas eu mesmo não soubesse, como seria triste! Sim, você está certo, ninguém sabe quem eu sou aqui, mas eu sei.

Essas são as duas únicas situações possíveis, e você está numa triste situação. Todo mundo pode conhecer você, saber quem você é, mas você mesmo está completamente alheio à sua transcendência, à sua verdadeira natureza, ao seu ser autêntico. Essa é a única tristeza da vida. Você pode encontrar muitas desculpas, mas a tristeza real é esta: você não sabe quem é.

Como uma pessoa pode ser feliz sem saber quem é, sem saber de onde vem, sem saber para onde está indo? Mil e um problemas surgem devido a essa ignorância básica de si mesmo.

Um grupo de formigas saiu da escuridão de seu ninho subterrâneo em busca de alimento. Foi no início da manhã. As formigas acabaram passando por uma planta cujas folhas estavam cobertas do orvalho da manhã.

Essa é a única tristeza da vida. Você pode encontrar muitas desculpas, mas a tristeza real é esta: você não sabe quem é.

– Que é isto? – perguntou uma das formigas, apontando para as gotas de orvalho. – De onde elas vêm?

Algumas formigas disseram:

– Elas vêm da terra.

Outras discordaram:

– Elas vêm do mar.

Logo uma discussão começou. Um grupo havia aderido à teoria do mar e o outro grupo tinha aderido à teoria da terra.

Apenas uma delas, uma formiga sábia e inteligente, não concordou com nenhum dos dois grupos. Ela disse:

– Vamos fazer uma pausa e olhar ao redor para procurar sinais, porque tudo é atraído para a sua fonte. E, como se costuma dizer, tudo volta à sua origem. Não importa a altura que você jogue um tijolo no ar, ele volta a cair na terra. O que quer que se incline em direção à luz, deve originalmente ser da luz.

As formigas, não totalmente convencidas ainda, estavam prestes a retomar a briga, mas o sol tinha subido no céu e as gotas de orvalho começaram a deixar as folhas, subindo, subindo em direção ao sol e desaparecendo nele.

Tudo retorna à sua fonte original, tem de retornar à sua fonte original. Se você compreender a vida, então entenderá a morte também. A vida é um esquecimento da fonte original, e a morte é novamente uma lembrança. A vida está se afastando da fonte original, a morte está voltando para casa. A morte não é feia, a morte é bonita. Mas ela é bonita apenas para aqueles que viveram a vida sem obstáculos, uma vida desinibida, não reprimida. A morte é bonita apenas para aqueles que viveram a vida muito bem, que não tiveram medo de viver, que foram corajosos o suficiente para viver, que amaram, dançaram, celebraram.

Se a sua vida é uma celebração, a morte se torna a celebração final.

Coloquemos desta maneira: seja como for que a sua vida tenha sido, a morte revela isso. Se você foi infeliz na vida, a morte revela sua infelicidade. A morte é uma grande revelação. Se você foi feliz na vida, a morte revela sua felicidade. Se você viveu apenas uma vida de conforto físico e prazer físico, então é claro que a morte vai ser muito desconfortável e muito desagradável, porque o corpo tem de ser deixado para trás.

O corpo é apenas uma morada temporária, um santuário em que ficamos a noite e deixamos pela manhã. Não é a sua morada permanente, não é a sua casa. Então, se você tem vivido apenas uma vida corporal e nunca conheceu nada além do corpo, a morte vai ser muito, muito feia, desagradável, dolorosa. A morte vai ser uma angústia. Mas, se você, em vida, voou um pouco mais alto do que o corpo, se você amou a música e a poesia, e amou as pessoas e olhou as flores e as estrelas, e algo do não físico entrou em sua consciência, a morte não vai ser tão ruim, a morte não será tão dolorosa. Você pode encará-la com mais serenidade, mas ainda assim não pode ser uma celebração.

Se você tocou em algo de transcendental em si mesmo, se entrou no seu próprio nada no centro, no centro do seu ser, onde você não é mais um corpo e não é mais uma mente, onde os prazeres físicos são completamente deixados para trás e os prazeres mentais, como a música e a poesia e a literatura e a pintura, tudo, são deixados de lado, você é simplesmente consciência pura, então a morte vai ser uma grande festa, uma grande compreensão, uma grande revelação.

O corpo é apenas uma morada temporária, um santuário em que ficamos a noite e deixamos pela manhã. Não é a sua morada permanente, não é a sua casa.

Se você conhece alguma coisa do transcendental em você, a morte vai lhe revelar o transcendental no universo. Então a morte não é mais uma morte, mas uma reunião com a fonte, um encontro com o divino.

Medo da vida

Você mencionou algo que me tocou: se eu for a fundo, sinto que estou com muito mais medo da vida do que da morte. Você pode explicar melhor como esses medos estão relacionados?

Aquele que tem medo da morte vai ter medo da vida também, porque a vida traz a morte. Se você tem medo do inimigo e bloqueia sua porta, o amigo também será impedido de entrar. Você está com tanto medo que o inimigo possa entrar que bloqueia a porta para o amigo também. Você está com tanto medo que não consegue nem sequer abrir a porta para o amigo, porque como vai saber? O amigo pode vir a ser um inimigo. Ou, quando a porta está aberta para o amigo, o inimigo pode entrar também.

As pessoas passaram a ter medo da vida, porque têm medo da morte. Elas não vivem, porque nos pontos mais elevados, nos picos, a morte sempre penetra a vida. Você já observou como isso acontece? Muitas mulheres viveram uma vida inteira de frigidez, com medo do orgasmo, com medo da explosão selvagem de energia. Durante séculos, as mulheres foram frígidas; não chegaram a conhecer o que é o orgasmo. E a maioria dos homens sofre por causa desse medo também. Noventa e cinco por cento dos homens sofre de ejaculação precoce. Eles têm tanto medo do orgasmo, têm tanto medo, que querem acabar logo com o ato, de alguma forma querem sair disso. Várias e várias vezes praticam o ato sexual com medo. A mulher permanece fria e o homem fica com tanto medo que não pode ficar nesse estado por muito tempo. O próprio medo faz com que ele ejacule mais cedo do que o natural, e a mulher permanece fechada, reprimindo-se.

A própria possibilidade de orgasmo desaparece quando há muito medo. No orgasmo mais profundo, a morte se esgueira, você se sente como se estivesse morrendo. Se uma mulher vai ter um orgasmo ela começa a gemer, começa a choramingar, a gritar. Ela pode até mesmo começar a dizer: "Estou morrendo. Não me mate!" Isso realmente acontece: "Estou morrendo! Não me mate, pare!" Chega um momento no orgasmo profundo em que ego não pode existir, e a morte se interpõe. Mas essa é a beleza do orgasmo.

As pessoas passaram a ter medo do amor, porque no amor, também, a morte se esgueira. Se dois amantes estão sentados lado a lado em profundo amor e intimidade, sem nem mesmo falar... Falar é uma fuga, uma fuga do amor. Quando dois amantes estão falando, isso simplesmente mostra que estão evitando a intimidade. As palavras entre eles geram uma distância. Sem palavras, a distância desaparece e a morte aparece. Em silêncio, a morte está lá, apenas rondando – um fenômeno lindo! Mas as pessoas têm tanto medo que continuam falando, seja necessário ou não. Elas ficam falando de qualquer coisa, mas não conseguem fazer silêncio.

> Falar é uma fuga, uma fuga do amor. Quando dois amantes estão falando, isso simplesmente mostra que estão evitando a intimidade.

Se dois amantes se sentam em silêncio, a morte de repente os rodeia. E quando dois amantes estão em silêncio, você vê uma certa felicidade e também uma certa tristeza. Felicidade, porque a vida está no auge, e tristeza porque no auge da vida, a morte também se infiltra. Sempre que você está em silêncio, você sente uma espécie de tristeza. Mesmo olhando para uma rosa, se está sentado em silêncio e não diz nada sobre a rosa, apenas olha para ela, nesse silêncio de repente você sente que a morte está presente. Você vai ver a flor enfraquecendo, em instantes ela terá ido, terá se perdido para sempre. Tanta beleza e tão frágil! Tanta beleza e tão vulnerável! Tanta beleza, tanto milagre e em breve tudo estará perdido para sempre e não voltará novamente. De repente, você fica triste.

Sempre que meditar, você vai perceber a morte rondando você. No amor, no orgasmo, em qualquer experiência estética – na música, numa canção, na poesia, na dança, onde quer que de repente você perca o seu ego, a morte estará presente.

Então deixe-me dizer uma coisa. Você tem medo da vida porque tem medo da morte. E eu gostaria de ensiná-lo a morrer para que você perca todo o medo da morte. No momento em que perde o medo da morte, você passa a ser capaz de viver.

E não me entenda mal. Não estou falando mal da vida. Como posso falar mal da vida? Sou loucamente apaixonado pela vida, sou tão louco de amor pela vida que por causa disso passei a amar a morte também. Ela faz parte da vida. Se você ama a vida totalmente, como pode evitar a morte? Você tem que amar a morte também. Se você ama uma flor profundamente, ama quando ela fenece também. Se ama uma mulher profundamente, você a ama ao envelhecer também, você um dia ama a morte dela também. A morte faz parte da vida dela, faz parte da mulher. A velhice não aconteceu do lado de fora, ela veio de dentro dela. O belo rosto ficou enrugado, agora você ama aquelas rugas também, elas são parte da mulher. Você ama um homem e o cabelo dele ficou branco. Você ama os cabelos também. Eles não aconteceram do lado de fora; eles não foram um acidente. A vida está se desdobrando e agora os fios pretos desapareceram e foram substituídos pelos fios brancos. Você não rejeita os cabelos brancos, você os ama, eles fazem parte do homem. Então o seu homem envelhece, fica fraco, você ama isso também. Então um dia o homem se vai. Você ama isso também.

O amor ama tudo. O amor não sabe nada mais do que amar. Por isso eu digo para amar a morte. Se você puder amar a morte, vai ser muito simples amar a vida. Se você puder amar até mesmo a morte, não haverá mais problema. O problema surge porque você tem reprimido alguma coisa, porque você tem medo da vida. Então, a repressão traz resultados perigosos. Se continuar reprimindo, um dia você vai perder todo o senso estético. Você perde toda a noção de beleza, de graça, de divindade. A própria repressão torna-se um estado tão febril que qualquer coisa que você faça vai ser feio.

Deixe-me contar uma bela história. O amigo que a enviou sempre me manda belas piadas!

Um soldado da Marinha é enviado a um posto numa ilha distante onde não existem mulheres, mas só uma grande população de macacos. Ele fica chocado ao ver que, sem exceção, todos os seus companheiros da Marinha fazem sexo com os macacos. E ele jura para eles que nunca vai conseguir copular com macacos. Eles lhe dizem para não ter a mente tão fechada. Mas, à medida que os meses passam, o soldado já não aguenta mais. Ele agarra o primeiro macaco que vê pela frente e é pego no ato por seus amigos, que começam a rir da cara dele.

Surpreso, o soldado diz:

– Do que estão rindo? Vocês viviam me dizendo para fazer isso!

Eles respondem:

– Sim, mas você tinha que escolher o mais feio?

Antes de a repressão tornar-se excessiva, relaxe, entregue-se à vida. É a sua vida! Não se sinta culpado. É a sua vida para viver e amar e se conhecer.

Se você se reprime, a possibilidade é que escolha a vida mais feia. Então, a própria febre é tamanha que você não está mais em sua sã consciência. Você está quase neurótico. Antes de a repressão tornar-se excessiva, relaxe, entregue-se à vida. É a sua vida! Não se sinta culpado. É a sua vida para viver e amar e se conhecer. E sejam quais forem os instintos que a natureza lhe deu, eles são apenas indicações da direção que você tem que seguir, onde você tem que procurar, onde tem que encontrar a sua plenitude.

Eu sei que esta vida material do corpo não é tudo. Uma vida maior está escondida por trás dela. Mas está escondida *por trás*.

Você não pode encontrar uma vida maior indo contra esta vida. Você só pode encontrar essa vida maior cedendo profundamente a esta vida. Há ondas no oceano – o oceano está sob as ondas. Se, ao ver a agitação e o caos, você quiser fugir das ondas, você estará fugindo do mar e das suas profundezas também. Salte dentro delas, essas ondas fazem parte do oceano. Mergulhe fundo e as ondas vão desaparecer, e então haverá a profundidade e o silêncio absoluto do oceano.

3

Incerto e desconhecido – O mistério da confiança

Pode-se conhecer a vida, pode-se conhecer a morte também, mas nada se pode dizer sobre elas. Nenhuma resposta será verdadeira; não pode ser, pela própria natureza das coisas. Vida e morte são os mistérios mais profundos que existem. Seria melhor dizer que não são dois mistérios, mas dois aspectos do mesmo mistério, duas portas para o mesmo segredo. Mas nada pode ser dito sobre elas. Seja o que for que você disser, vai deixar de dizer o essencial.

A vida pode ser vivida, a morte também pode ser vivida. Elas são experiências – a pessoa tem que passar por elas e conhecê-las. Ninguém pode responder às suas perguntas. Como se pode responder alguma coisa sobre a vida? Ou a morte? A menos que *você* viva, a menos que *você* morra, quem vai responder? Mas muitas respostas foram dadas e, lembre-se, todas as respostas são falsas. Não há nenhuma a se escolher. Não é que uma resposta seja correta e as outras respostas estejam incorretas; todas as respostas estão incorretas. Não há nenhuma que se possa escolher. A experiência, não as respostas, é que pode responder.

Portanto, esta é a primeira coisa a se lembrar quando se está perto de um verdadeiro mistério, não um enigma criado pelo homem. Se é um enigma criado pelo homem, pode ser respondido, porque é um jogo, um jogo mental – você faz a pergunta, você dá a resposta. Mas, se você está diante de algo que não foi criado por você, como pode responder? Como pode a mente humana responder? É incompreensível para a mente humana. A parte não pode compreender o todo. O todo pode ser compreendido *tornando-se* o todo. Você pode saltar dentro dele e se perder – e lá estará a resposta.

Eu vou contar uma história que Ramakrishna adorava contar.

Uma vez aconteceu uma grande festa perto do mar, na praia. Milhares de pessoas estavam reunidas ali e de repente todas começaram a refletir sobre uma pergunta: o mar é imensurável ou mensurável. Ele tem fundo ou não? Ele é sondável ou insondável? Por acaso, um homem totalmente feito de sal também estava lá. Ele disse:

– Vocês esperem aqui, fiquem aqui, discutindo, que eu vou entrar no mar e descobrir, porque como se pode saber a menos que se entre nele?

Então, o homem de sal saltou no oceano. Passaram-se horas, dias, depois meses e as pessoas começaram a voltar para casa. Elas esperaram um tempo, mas o homem de sal não retornou.

O homem de sal, no momento em que entrou no oceano, começou a derreter, e quando chegou ao fundo não existia mais. Ele descobriu as respostas, mas não poderia voltar. E aqueles que não sabiam, eles discutiram por um longo tempo. Podem ter chegado a algumas conclusões, porque a mente gosta de chegar a conclusões.

Depois que chega a uma conclusão, a mente se sente à vontade, por isso existem tantas filosofias. Todas as filosofias existem para satisfazer uma necessidade: a mente pergunta e a mente não pode permanecer com uma pergunta, é desconfortável; permanecer com uma pergunta é inconveniente. Uma resposta é necessária, mesmo se for falsa; ela coloca a mente em repouso.

Saltar no mar é perigoso. E, lembre-se, todos nós somos homens de sal, no que diz respeito ao oceano, ao oceano da vida e da morte. Somos homens de sal e vamos derreter, porque viemos dele. Somos feitos por ele, somos parte dele. Vamos derreter!

Uma pessoa corajosa vai resistir a aceitar qualquer resposta que não seja conhecida e experimentada por ela mesma.

Por isso, a mente está sempre com medo de ir para o oceano. Ela é feita de sal, fatalmente vai se dissolver. Ela tem medo, por isso fica na praia discutindo coisas, debatendo, argumentando, criando teorias – todas falsas, porque são baseadas no medo. Uma pessoa corajosa vai dar o salto e vai resistir a aceitar qualquer resposta que não seja conhecida e experimentada por ela mesma.

Nós somos covardes, é por isso que aceitamos a resposta de outras pessoas. Mahavira, Buda, Cristo, aceitamos as respostas deles. Mas as respostas deles não podem ser as nossas. O conhecimento de ninguém pode ser seu – eles podiam saber, mas o conhecimento deles é só informação para você. *Você* terá que saber. Só quando é seu, ele é de fato conhecimento. Caso contrário, não vai lhe dar asas; ao invés disso, vai ficar pendurado no seu pescoço como uma pedra, você vai se tornar um escravo dele. Não vai conseguir a libertação, não vai ser libertado por ele.

> A experiência liberta, sim... mas teorias sobre a experiência? Não, nunca!

Diz Jesus: "A verdade liberta". Você já viu alguém ser libertado por teorias? A experiência liberta, sim... mas teorias sobre a experiência? Não, nunca!

Mas a mente tem medo de dar o salto, porque a mente é feita do mesmo material que o universo. Se você der o salto, estará perdido. Você descobrirá, mas saberá apenas quando não mais existir. O homem de sal descobriu. Ele tocou as profundezas, chegou ao centro, mas não pode mais voltar.

E mesmo se pudesse, como iria relatar...? Mesmo se voltasse, sua linguagem iria pertencer ao centro, às profundezas, e a linguagem das outras pessoas pertence à costa, à periferia. Não há possibilidade de qualquer comunicação. Ele não pode dizer nada que faça sentido, só pode permanecer em silêncio – um silêncio cheio de sentido, de significado. Se disser algo, ele próprio vai se sentir culpado, porque vai saber imediatamente que tudo o que sabe não será transferido através das palavras; sua experiência é deixada para trás. Só palavras chegarão até você, mortas, obsoletas, vazias.

As palavras podem ser comunicadas, mas não a verdade. A verdade só pode ser indicada. O homem de sal pode dizer a você: "Venha também", ele pode lhe fazer um convite, "salte comigo no oceano".

Mas você é muito inteligente. Você vai dizer: "Primeiro responda à pergunta; caso contrário, como é que eu vou saber que você está certo? Deixe-me primeiro ponderar, pensar e meditar e refletir, então eu vou segui-lo. Quando minha mente estiver convencida, vou dar o salto".

Mas a mente nunca está convencida, não pode ser convencida. A mente não é nada a não ser um processo de dúvida; ela nunca pode ser convencida, ela pode continuar discutindo infinitamente, porque, seja o que for que você diga, ela pode criar um argumento em torno disso.

> As palavras podem ser comunicadas, mas não a verdade.

> A mente não é nada a não ser um processo de dúvida; ela nunca pode ser convencida, ela pode continuar discutindo infinitamente.

Do conhecimento à inocência

Não se torne mais erudito, torne-se mais inocente. Abandone tudo o que sabe, esqueça tudo o que sabe. Continue se maravilhando, se assombrando, mas não transforme o seu assombro em perguntas, porque, depois que ele se transforma em pergunta, mais cedo ou mais tarde a pergunta traz conhecimento. E o conhecimento é uma moeda falsa. A partir do estado de assombro, existem dois caminhos. Um deles é questionar – o caminho errado –, e ele leva você a mais e mais conhecimento. O outro não é questionar, mas desfrutar. Desfrute do assombro, o assombro que é a vida, o assombro que é a existência, o assombro que é o sol e a luz do sol e as árvores banhadas em seus raios dourados. Vivencie. Não coloque um ponto de interrogação, deixe ser o que é.

Permaneça inocente, infantil, se quiser a comunhão com a existência e a realidade. Permaneça maravilhado se quiser que os mistérios se abram para você. Os mistérios nunca se abrem para aqueles que continuam se questionando. Os questionadores mais cedo ou mais tarde acabam numa biblioteca. Os questionadores mais cedo ou mais tarde acabam com escrituras, porque escrituras estão repletas de respostas.

E as respostas são perigosas, elas aniquilam o seu assombro. Elas são perigosas porque lhe dão a sensação de que você sabe, embora você não saiba. Elas o levam a esse mal-entendido sobre si mesmo, de que agora as perguntas estão respondidas. "Eu sei o que a Bíblia diz, eu sei o que o Alcorão diz, eu sei o que o Gita diz. Eu cheguei a uma resposta." Você vai se tornar um papagaio; vai repetir coisas, mas não vai saber nada. Esse não é o jeito de saber – o conhecimento não é o jeito de saber.

Então qual é o jeito de saber? Assombre-se, maravilhe-se. Deixe seu coração dançar maravilhado. Fique cheio de assombro; pulse com ele, inspire-o, expire-o.

Por que tanta pressa para ter uma resposta? Você não pode permitir que um mistério continue a ser um mistério? Eu sei que existe uma grande tentação para não permitir que ele continue a ser um mistério, para reduzi-lo a conhecimento. Porque existe essa tentação? Porque apenas repleto de conhecimento você vai estar no controle.

O mistério vai controlá-lo, o conhecimento vai fazer de você o controlador. O mistério vai possuí-lo. Você não pode possuir o mistério; ele é tão vasto e suas mãos são tão pequenas! Ele é tão infinito, você não pode possuí-lo, terá de ser possuído por ele, e esse é o medo. O conhecimento você pode possuir, ele é tão trivial! O conhecimento você pode controlar.

> Por que tanta pressa para ter uma resposta? Você não pode permitir que um mistério continue a ser um mistério?

Essa tentação da mente para reduzir todo o assombro, todo mistério, a uma pergunta é baseada no medo. Estamos com medo, com medo da grandiosidade da vida, dessa incrível existência. Estamos com medo. Por medo, criamos um pequeno conhecimento em torno de nós como proteção, como uma armadura, como uma defesa.

Apenas os covardes reduzem a perguntas a capacidade tremendamente valiosa de se assombrar. A pessoa corajosa, realmente valente, deixa o mistério ser como é. Em vez de transformá-lo em pergunta, ela salta para o mistério. Em vez de tentar controlá-lo, ela permite que o mistério a possua.

E a alegria de se deixar possuir, e a bênção de se deixar possuir, é inestimável. Você não pode imaginar o que é, você nunca sonhou com isso, porque ser possuído pelo mistério é ser possuído pelo todo.

Confie na voz interior

Quando ouço a minha voz interior, ela me diz que eu preciso, às vezes, simplesmente não fazer nada, apenas dormir, comer, brincar na praia. Mas eu tenho medo de seguir esses sentimentos, porque acho que vou ficar muito fraco para sobreviver neste mundo. Será que a existência vai realmente me proteger se eu me deixar levar por essa voz?

Primeiro, não há necessidade nenhuma de se sobreviver neste mundo. Este mundo é um hospício! Não há necessidade de se sobreviver nele. Não há necessidade de se sobreviver no mundo da ambição, da política, do ego. Ele é a doença. Mas existe outra maneira de ser, e é a de que você pode *estar* neste mundo e não *ser* deste mundo.

"Quando ouço a minha voz interior, ela me diz que eu preciso, às vezes, simplesmente não fazer nada..." Então não faça nada! Não há ninguém superior a você, e a existência fala com você diretamente. Comece a confiar em seus sentimentos interiores. Então não faça nada. Se você sentir que só quer dormir, comer e brincar na praia, perfeito, deixe que essa seja a sua religião! Não tenha medo.

Você vai ter que abandonar o medo. E se for uma questão de escolher entre o sentimento interior e o medo, escolha o sentimento interior. Não escolha o medo. Tantas pessoas escolheram sua religião por causa do medo, por isso elas vivem num limbo. Não são nem religiosas, nem mundanas; vivem em cima do muro.

O medo não vai ajudar. O medo sempre significa medo do desconhecido. O medo sempre significa medo da morte. O medo sempre significa medo de se perder. Mas, se você realmente quer estar vivo, tem que aceitar a possibilidade de se perder. Tem que aceitar a insegurança do desconhecido, o desconforto e a inconveniência do desconhecido, do estranho. Esse é o preço que tem de pagar pela bênção

A existência fala com você diretamente. Comece a confiar em seus sentimentos interiores.

Tantas pessoas escolheram sua religião por causa do medo, por isso elas vivem num limbo. Não são nem religiosas, nem mundanas; vivem em cima do muro.

que vem depois, e nada pode ser conseguido sem que se pague por isso. Você tem que pagar por isso; caso contrário, permanecerá paralisado pelo medo. Sua vida inteira será perdida.

Aproveite, seja qual for o seu sentimento interior.

"Eu acho que vou ficar muito fraco para sobreviver neste mundo." Não há necessidade. Este é o medo falando com você, o medo criando mais medos. Do medo brota mais medo.

"Será que a existência vai realmente me proteger?" Mais uma vez o medo está pedindo garantias, promessas. Quem vai lhe dar garantias? Quem pode ser uma garantia para a sua vida? Você está pedindo algum tipo de seguro. Não, não há nenhuma possibilidade. Na existência, nada é assegurado – nada pode ser. E isso é bom! Caso contrário, se a existência também fosse assegurada, você já estaria completamente morto. Então, toda a emoção dela, de estar vivo como uma folha nova ao sabor do vento forte, será perdida.

A vida é bela porque é insegura. A vida é bela porque existe a morte. A vida é bela, porque pode ser perdida. Se você não pudesse perdê-la, tudo seria imposto sobre você, então até mesmo a vida se tornaria uma prisão. Você não seria capaz de apreciá-la. Mesmo que recebesse a ordem de ser feliz, de ser livre, a felicidade e a liberdade, ambas, já não existiriam mais.

"Será que a existência vai realmente me proteger se eu me deixar levar por essa voz?" Experimente e veja! Só uma coisa eu posso dizer a você... Não estou falando com seu medo, lembre-se. Só uma coisa eu posso dizer a todos vocês: que aqueles que têm tentado descobriram que a existência protege. Mas eu não estou falando com o seu medo. Estou simplesmente incentivando o seu espírito de aventura, só isso. Estou persuadindo, seduzindo você para empreender essa aventura. Não estou falando com o seu medo. Todos aqueles que tentaram descobriram que a proteção é infinita.

Mas eu não sei se você consegue entender a proteção que o universo lhe dá. O tipo de proteção que você está pedindo não pode ser dado pelo universo, porque você não tem ideia do que está pedindo. Você está pedindo a morte. Apenas um corpo morto é absolutamente protegido. Algo vivo está sempre em perigo. Estar vivo é um perigo. Quanto mais vivo, maior a aventura, maior o perigo, maior o risco.

> Estar vivo é um perigo. Quanto mais vivo, maior a aventura, maior o perigo, maior o risco.

Nietzsche costumava ter um lema pregado na parede: "Viva perigosamente". Alguém um dia perguntou:

– Por que o senhor escreveu isso?

Ele disse:

– Apenas para me lembrar, porque meu medo é enorme.

Viva perigosamente, porque essa é a única maneira de se viver. Não há nenhuma outra. Ouça sempre o chamado do desconhecido e mantenha-se em movimento. Nunca tente se acomodar em algum lugar. Acomodar-se é morrer; é uma morte prematura.

Eu estava na festa de aniversário de uma garotinha e havia muitos brinquedos e muitos presentes, e a menina estava realmente feliz, e todos os amigos dela estavam lá e eles estavam dançando. De repente, ela perguntou:

– Mãe, onde estão aqueles dias tão lindos que você costumava viver no passado?

As pessoas morrem antes da sua morte. As pessoas se acomodam na segurança, no conforto, na conveniência. Elas se acomodam numa existência que parece uma sepultura.

Não estou falando com o seu medo.

"Será que a existência vai realmente me proteger se eu me deixar levar por essa voz?" Ela sempre protegeu, e eu não posso pensar que só com você será diferente. Eu não posso acreditar que você será uma exceção. Sempre foi assim – a existência protegeu aqueles que se deixaram levar por ela, que se abandonaram a ela, que se renderam a ela.

Siga natureza. Siga a sua natureza interior.

Eu estava lendo uma história e gostei muito dela:

Era primavera no campus da Universidade de Columbia, e havia placas de "Não pise na grama" espalhadas pelos gramados recém-plantados. Os alunos ignoravam as advertências, mais os pedidos especiais que se seguiram, e continuavam a pisar na grama. A questão se agravou, até que, por fim, os funcionários levaram o problema para Dwight Eisenhower, que era na época o reitor da universidade.

– Vocês já repararam – perguntou Eisenhower – que chegamos mais rápido quando seguimos diretamente para onde queremos ir? Por que vocês não descobrem qual a rota que os alunos costumam seguir e constroem calçadas lá?

É assim que a vida deve ser. As estradas, as calçadas, os princípios não deveriam ser fixados de antemão.

Deixe-se levar. Flua naturalmente e deixe que esse seja o seu caminho. Ande e, ao andar, faça o seu caminho. Não siga autoestradas. Elas estão mortas, e você não vai encontrar nada nelas. Tudo já foi removido. Se você seguir por uma rodovia, vai estar se afastando da natureza. A natureza não reconhece trilhas, não tem padrões fixos. Ela flui em mil e um padrões, mas todos espontâneos. É só você observar. Sente-se na praia e veja o mar... milhões de ondas quebram na areia, mas cada onda é única e diferente. Você não vai achar duas ondas iguais, elas não seguem nenhum padrão.

Nenhum ser humano que se preze segue um padrão.

As pessoas me procuram e dizem: "Mostre-nos o caminho". Eu digo a elas: "Não pergunte isso. Só posso mostrar como andar, não posso mostrar o caminho". Por favor, tente ver a distinção. Só posso mostrar como andar e como fazer isso com coragem. Não posso mostrar o caminho, porque "o caminho" é para os covardes. Aqueles que não sabem andar, que estão paralisados, para eles existe um caminho. Para aqueles que sabem como andar, estes vão para o deserto, e apenas andando eles criam o caminho. E cada um chega à verdade de uma maneira diferente. Você não pode chegar como uma turba, não

E cada um chega à verdade de uma maneira diferente. Você não pode chegar como uma multidão. Você chega sozinho, absolutamente sozinho.

pode chegar com uma multidão. Você chega sozinho, absolutamente sozinho.

Eu o ensino apenas a ser você mesmo, nada mais. É muito difícil me entender porque, por causa do seu medo, você gostaria que eu lhe recomendasse um padrão de vida, uma disciplina, um estilo, um modo de vida.

Pessoas como eu sempre foram mal interpretadas. Pessoas como Lao Tzu, Zaratustra, Epicuro sempre foram mal interpretadas. As pessoas mais religiosas foram consideradas irreligiosas porque, se alguém é realmente religioso, essa pessoa vai ensinar a liberdade, vai ensinar você a amar. Ela não vai ensinar a lei; vai ensinar você a amar. Não vai ensinar um padrão morto de vida. Vai ensinar um caos, uma anarquia, porque as estrelas só nascem a partir do caos. Ela vai ensiná-lo a ser totalmente livre.

Eu sei que existe medo, o medo da liberdade; caso contrário, por que haveria tantas prisões em todo o mundo? Por que as pessoas carregam prisões invisíveis ao redor de suas vidas? Existem apenas dois tipos de prisioneiro. Cruzei com alguns que vivem numa prisão visível; o restante vive numa prisão invisível. Eles carregam uma prisão em torno de si em nome da consciência, em nome da moralidade, em nome da tradição, em nome disto e daquilo. Milhares são os nomes do cativeiro e da escravidão.

A liberdade não tem nome. Não há muitos tipos de liberdade; a liberdade é uma só. Você já reparou? A verdade é uma só. Mentiras podem ser milhões. Você pode mentir de um milhão de maneiras diferentes, mas não pode dizer a verdade de um milhão de maneiras diferentes. A verdade é simples, uma só maneira basta. O amor é um só; as leis são milhões. A liberdade é uma só; as prisões são muitas. E a menos que você esteja muito alerta, nunca será capaz de se mover livremente. No máximo, você pode mudar de prisão. De uma prisão você pode ir para outra prisão, e pode apreciar o trajeto entre as duas. Isso é o que está acontecendo no mundo. Um católico torna-se comunista, um hindu se torna cristão, um muçulmano se torna hindu, e eles gostam, sim; sentem um pouco de liberdade apenas quando estão mudando de prisão. De uma prisão para outra, no trajeto entre elas, eles se sentem bem. Então caem na mesma armadilha de novo, com um nome diferente. Todas as ideologias são prisões. Eu ensino a ter cuidado com elas, com a minha ideologia inclusive.

> Todas as ideologias são prisões. Eu ensino a ter cuidado com elas, com a minha ideologia inclusive.

Siga o caminho do amor

Um verso de um poema de Rumi diz: "Volte-se para dentro, mas não siga o caminho do medo". Às vezes na meditação eu toco um espaço horizontal em branco, sem nenhum ponto de referência com relação a quem sou, e um tremendo medo me invade. Você pode me ajudar a entender e fazer amizade com esse medo?

As palavras de Mevlana Rumi são imensamente significativas. Muito poucas pessoas mudaram e transformaram tantos corações quanto Jalaluddin Rumi. No mundo dos sufis, Rumi é um imperador. Suas palavras devem ser entendidas não como meras palavras, mas como fontes de silêncio profundas, ecos de íntimas canções interiores. Quase mil anos se passaram desde que ele morreu.

A técnica de meditação dele é um tipo especial de dança. É uma espécie de redemoinho, assim como as crianças pequenas giram, em pé no lugar e dando voltas e mais voltas. Em todo o mundo as crianças pequenas fazer isso, e os mais velhos as impedem, dizendo: "Você vai ficar tonto, vai cair, vai se machucar" e "Para que fazer isso?"

Jalaluddin Rumi fez uma meditação em redemoinho. O praticante fica girando por horas, enquanto o corpo permite; ele não para por conta própria. Ao girar, chega um momento em que ele se vê completamente imóvel e silencioso, no centro do ciclone. Em torno do centro do corpo há movimento, mas existe um espaço que permanece imóvel; que é o seu ser.

O próprio Rumi girou por 36 horas continuamente e caiu, porque o corpo não foi capaz de girar mais. Mas, quando ele abriu os olhos, era outro homem. Centenas de pessoas se reuniram para ver. Muitos achavam que ele era louco: "Qual o sentido de girar tanto assim? Ninguém pode dizer que isso seja uma oração, ninguém pode dizer que isso seja uma grande dança, ninguém pode dizer de forma alguma que isso tenha algo a ver com religião, com espiritualidade". Mas depois de 36 horas, quando viram Rumi tão luminoso, tão radiante, tão novo, tão revigorado – renascido, numa nova consciência –, não puderam acreditar em seus olhos. Centenas choraram de arrependimento, porque tinham pensado que ele era louco. Na verdade, ele estava são, os outros é que eram loucos.

E, ao longo de todos esses séculos, o fluxo continuou vivo. Muito poucos movimentos de crescimento espiritual duraram tanto tempo. Ainda existem centenas de dervixes. "Dervixe" é a palavra sufi para buscador espiritual. Você não vai acreditar a menos que experimente, apenas girando você pode conhecer a si mesmo. Nenhuma austeridade é necessária, nenhuma autotortura é necessária, apenas uma experiência do seu ser mais íntimo e você é transportado para outro plano de existência, do mortal para o imortal. A escuridão desaparece e há apenas luz eterna.

As palavras de Rumi têm que ser entendidas com bastante cuidado, porque ele não fala muito, são só alguns poucos poemas pequenos. Sua declaração, "Volte-se para dentro, mas não siga o caminho do medo", é lindíssima.

Não siga o caminho do medo.

Siga o caminho do amor. Siga o caminho da alegria, não do medo, porque todas as chamadas religiões são baseadas no medo. O Deus das religiões não é senão o medo, e seu céu e inferno não são nada além de projeções de medo e ganância.

> Siga o caminho do amor. Siga o caminho da alegria, não do medo, porque todas as chamadas religiões são baseadas no medo.

A declaração de Rumi é revolucionária: Não siga o caminho do medo. Todas as religiões dizem às pessoas: "Temei a Deus!"

Mahatma Gandhi costumava dizer: "Eu não temo ninguém, só a Deus". Quando ouvi isso, eu disse que essa era a declaração mais idiota que alguém podia ter feito. Você pode temer a todos, menos Deus, porque só se pode chegar a Deus através do amor. Deus não é uma pessoa, mas a pulsação universal. Se você puder cantar com amor e dançar com amor – uma atividade comum, como girar com amor –, alegria e celebração são suficientes para chegar ao santuário mais íntimo do ser e da existência.

Vocês todos vivem com base no medo. Seus relacionamentos são baseados no medo. O medo é tão grande, como uma nuvem escura recobrindo a sua vida, que você diz coisas que não quer dizer, mas o medo faz você dizê-las. Você faz coisas que não quer fazer, mas o medo faz você fazê-las. Basta um pouco de inteligência para ver isso.

Milhões de pessoas estão adorando pedras esculpidas por elas mesmas. Criam seus deuses e depois os reverenciam. Deve ser porque têm um grande medo, porque, na realidade, onde você pode encontrar Deus? A maneira mais fácil é esculpir um deus em mármore bonito e reverenciá-lo. E ninguém acha que isso é pura estupidez, porque todo mundo está fazendo a mesma coisa, de diferentes maneiras. Alguém no templo e alguém na mesquita e alguém na sinagoga, não faz muita diferença. O básico não muda: o que você está fazendo faz por medo. Suas orações estão cheias de medo.

Rumi está fazendo uma declaração revolucionária, extraordinária: "Volte-se para dentro, mas não siga o caminho do medo". Então, qual é o caminho para se voltar para dentro? Por que não um caminho divertido? Por que não fazer da sua religião uma brincadeira? Por que levar tudo tão a sério? Por que caminhar dando risada? Assim como as crianças pequenas correndo alegremente atrás das borboletas sem nenhum motivo especial; apenas ver a alegria das cores e a beleza das flores e as borboletas é suficiente e elas são tão imensamente felizes!

A cada vinte e quatro horas, passamos poucos momentos sem medo... o que significa que, nesses momentos, você não está pedindo nada. Você não está pedindo nenhuma recompensa e não está preocupado com nenhuma punição; está simplesmente curtindo o giro, o mergulho para dentro.

Na verdade, é só no início que pode parecer um pouco difícil. À medida que se volta um pouco mais para dentro, você automaticamente fica alegre, brincalhão, reverente. Uma gratidão que nunca sentiu antes surge em você e se abre um espaço que é infinito, seu céu interior.

O seu céu interior não é menos rico do que o céu exterior; ele tem suas próprias estrelas e sua própria lua e os seus próprios planetas e sua própria imensidão. Ele é tão vasto quanto o universo que você pode ver do lado de fora. Você está simplesmente em pé entre dois universos – um está fora; o outro está dentro. O universo exterior consiste em coisas e o universo interior consiste em consciência, felicidade, alegria.

O universo exterior consiste em coisas e o universo interior consiste em consciência, felicidade, alegria.

Mova-se para dentro, mas não siga o caminho do medo, porque o medo não pode ir para dentro.

Por que o medo não pode ir para dentro? O medo não pode ficar sozinho e dentro você tem que estar sozinho. O medo precisa de uma multidão, o medo precisa de companhia, amigos e até inimigos servem. Mas, para ficar sozinho, para voltar-se para dentro, você não pode levar ninguém consigo; você tem que ficar cada vez mais sozinho. Não só não pode levar ninguém, como não pode levar *coisa* alguma. Seus bens, seu poder, seu prestígio, você não pode levar nada. Para dentro de você não dá para levar nem mesmo as suas roupas! Você terá que ir nu e sozinho. Por isso o medo não pode se mover para dentro, o medo se move para fora.

O medo se move na direção do dinheiro, o medo se move na direção do poder, o medo se move na direção de Deus; o medo se move em todas as direções, exceto para dentro.

Para ir para dentro o primeiro requisito é o destemor.

E você está se perguntando como fazer amizade com o medo. Você não tem que fazer amizade com a escuridão, com a morte ou com o medo. Você tem que se livrar dessas coisas. Tem que simplesmente dizer adeus para sempre. É o seu apego e sua amizade que vai torná-lo ainda mais profundo.

Não pense que fazendo amizade com o medo você vai estar pronto para ir para dentro. Mesmo o medo amigável vai impedi-lo; na verdade, irá impedi-lo ainda mais. Irá impedi-lo de uma forma amigável, irá aconselhá-lo: "Não faça uma coisa dessas. Não há nada aí dentro. Você vai cair no nada e retornar desse nada será impossível. Cuidado para não cair na sua interioridade. Agarre-se às coisas".

Você não tem de fazer amizade, o medo deve ser entendido, assim ele desaparece.

Do que você tem medo? Quando nasceu, você nasceu nu. Não trouxe nenhum saldo bancário, mas você não estava com medo. Você veio ao mundo totalmente nu, mas entrou como um imperador. Nem mesmo um imperador pode entrar no mundo do jeito que uma criança entra. O mesmo vale para quando você vai para dentro. É um segundo parto; você volta a ser criança, a mesma inocência e a mesma nudez e a mesma não possessividade. O que você tem para ter medo?

Na vida, você não tem medo do nascimento. Ele já aconteceu, agora não há nada a fazer. Você não pode ter medo da vida, ela já está acontecendo. Você não pode ter medo da morte – de um modo ou de outro ela vai acontecer. Então, por que o medo?

Sempre sou questionado, e até por pessoas muito instruídas: "Você nunca se preocupa com o que vai acontecer após a morte?" E eu sempre me surpreendo com o fato de essas pessoas serem consideradas instruídas. Eu lhes respondo: "Houve um tempo em que eu não era nascido e não havia nenhuma preocupação. Nunca, nem por

> Você veio ao mundo totalmente nu, mas entrou como um imperador. Nem mesmo um imperador pode entrar no mundo do jeito que uma criança entra.

um instante, eu me perguntei que tipo de problema, que tipo de ansiedade, que tipo de angústia eu tinha de enfrentar quando ainda não era nascido. Eu simplesmente não existia! Assim, o mesmo vai acontecer quando você morrer, você morre e pronto".

Confúcio ouviu do seu discípulo mais dedicado, Mencius, a seguinte pergunta:

– O que acontecerá depois da morte?

Confúcio disse:

– Não perca tempo pensando nisso. Quando estiver na sepultura, deite-se lá e pense sobre isso, mas por que se preocupar agora?

O medo do que vai acontecer quando você morrer é desnecessário. O que tiver que acontecer acontecerá – e você não poderá fazer nada a respeito de antemão. Você não sabe, então não é nem uma questão de fazer alguma lição de casa, se preparar para o tipo de pergunta que lhe farão ou para o tipo de pessoas que vai encontrar, aprender seus costumes, sua língua... Nós não sabemos nada. Não há motivo para se preocupar. Não perca seu tempo.

Mas é o medo, o medo de que algo vá acontecer, após a morte – e você estará tão sozinho! Mesmo que você chame do seu túmulo, ninguém vai ouvir.

Ouvi falar de um fenômeno nos Estados Unidos chamado "The Couch Potato Movement". Esse movimento foi criado por pessoas sedentárias, que ficam no sofá (*couch*) o dia todo, assistindo à TV e comendo batatas (*potatos*)*. Esse tipo de pessoa é

---

* O uso, na expressão, da palavra "batata" também pode ser uma referência à semelhança da pessoa sedentária a esse tubérculo. (N.T.)

chamado de "couch potato". Foi iniciado em 1982 e se tornou um grande fenômeno. Dois livros foram publicados, *The Official Couch Potato Handbook* e *The Couch Potato Guide to Life*. Também havia um boletim de notícias, The Tuber's Voice. O fundador do movimento pregava o evangelho do *couch potato*: "Nós sentimos que assistir à TV é um estilo tipicamente americano de meditação", ele dizia. "Nós a chamamos de Vegetação Transcendental."

Por medo, as pessoas podem não fazer nada. Elas podem até mesmo se tornar um membro do movimento dos *couch potatos*! Apenas se sentar durante sete, oito horas por dia em frente à TV, só engordando, engordando, engordando... De vez em quando eles se levantam para ir à geladeira; caso contrário, ficam fazendo a sua Vegetação Transcendental. Isso nunca foi feito numa escala tão vasta.

Por que as pessoas ficam assistindo à televisão o dia inteiro?

Por que as pessoas ficam assistindo à televisão o dia inteiro? É preciso estudar a psicologia. Essas pessoas simplesmente não querem saber nada delas mesmas. Essas pessoas estão tentando evitar a si mesmas, ao assistir à TV. A televisão é um substituto; de outra forma, se tiver muito tempo você terá de olhar para dentro, e esse é o medo.

Para dentro?... Mas a geladeira está fora. Para dentro?... Mas o namorado

Essas pessoas estão tentando evitar a si mesmas, ao assistir à TV.

está fora. Dentro você não vai encontrar nada. Você não pode ir às compras. Você só vai se afogar no nada. Esse se afogar no nada dá medo.

Mas o problema é que esse medo só surge porque você não conhece a beleza e a felicidade e a alegria que é se afogar no nada, porque você não sabe o êxtase que acontece quando você cai lá dentro. É preciso experimentar um pouco do seu sabor.

Eu não quero que você acredite, eu quero que experimente.

Se milhares de místicos experimentaram algo lá dentro, pelo menos hipoteticamente, você também pode dar uma olhada. Talvez exista algo que você não esteja percebendo.

Não é uma questão de medo, apenas um pouco de inteligência é necessário, não fazer amizade com o medo, mas com a inteligência. Um coração aventureiro, a coragem daqueles que exploram o desconhecido. Eles são os bem-aventurados, porque encontram o sentido e o significado da vida. Os outros apenas vegetam.

Um pouco de inteligência, um pouco de senso de humor, um coração amoroso e você não precisa de muito mais do que isso para mergulhar no seu próprio ser. As pessoas sérias ficam de pé do lado de fora com cara de múmia.

Um pouco de inteligência, um pouco de senso de humor, um coração amoroso e você não precisa de muito mais do que isso para mergulhar no seu próprio ser.

O padre Murphy queria arrecadar dinheiro para sua igreja e ouviu dizer que era possível fazer fortuna com as corridas de cavalos. Como ele não tinha dinheiro suficiente para comprar um cavalo, decidiu comprar um burro e participar de uma corrida. Para sua surpresa, o burro chegou em terceiro lugar. A manchete na página de esportes era: "O burro do padre Murphy chega em terceiro lugar".

O padre participa de outra corrida e desta vez ganha. A manchete diz: "O burro do padre Murphy chega na frente".

O bispo fica tão chateado com esse tipo de publicidade que ordena que o padre Murphy não corra com o seu burro novamente. A manchete diz: "O burro do padre Murphy não corre mais".

Isso é demais para o bispo. Então, ele ordena que o padre Murphy se livre do burro. Ele o dá à Irmã Teresa. E a manchete diz: "Freira fica com o burro do padre Murphy".

O bispo desmaia. Então diz à irmã Teresa que ela precisa se livrar do burro. Ela o vende por dez dólares.

No dia seguinte, o bispo é encontrado morto na mesa da sala de jantar com um jornal na mão. A manchete diz: "Freira fatura dez dólares à custa do burro do padre Murphy".

Basta um pouco de senso de humor, um pouco de risada, uma inocência infantil e o que você tem a perder? Medo de quê? Não temos nada. Viemos de mãos vazias, vamos embora de mãos vazias. Antes de isso acontecer, basta se aventurar um pouco para dentro de si e ver quem é esse homem escondido atrás das roupas, dentro do esqueleto; quem é essa pessoa que nasce, se torna um jovem, se apaixona e um dia morre e ninguém sabe para onde vai...

Basta um pouco de curiosidade para investigar seu próprio ser. É muito natural; não é preciso medo.

Afogue-se no nada

Você pode falar um pouco mais sobre esse fenômeno que você chama de "afogar-se no nada"? Para mim, parece mais como cair no espaço vazio e faz com que eu me sinta muito inseguro e instável.

A palavra *empty*, "vazio" em inglês, vem de uma raiz que significa "livre, desocupado". É uma bela palavra, se levarmos em conta a raiz. Ela é muito rica; significa livre, desocupado. Sempre que você estiver livre, desocupado, você está vazio.

E lembre-se, o provérbio que diz que "mente vazia é oficina do diabo" é simplesmente um disparate. Justamente o contrário é que é verdade, a mente ocupada é a oficina do diabo. A mente vazia é a oficina de Deus, não do diabo. Mas você tem que entender o que quero dizer com "vazio" – livre, relaxado, não tenso, imóvel, sem desejos, sem ir a lugar nenhum. Só estar aqui, totalmente aqui. Uma mente vazia é uma presença pura. E tudo é possível nessa presença pura, porque toda a existência se origina dessa presença pura.

Essas árvores crescem dessa presença pura, essas estrelas nascem dessa presença pura; estamos aqui, todos os budas vieram dessa presença pura. Nessa presença pura você está em Deus, você *é* Deus. Ocupado, você cai; ocupado, você tem que ser expulso do Jardim do Éden. Desocupado você está de volta ao jardim, desocupado você está de volta à sua casa.

Quando a mente não está ocupada com a realidade – com coisas, pensamentos –, então existe aquilo que é. E o que é, é verdade. Apenas no vazio há um encontro, uma fusão. Apenas no vazio você se abre para a verdade e a verdade penetra em você. Apenas no vazio você fica prenhe de verdade.

Estes são os três estados da mente. O primeiro é a consciência mais o conteúdo. Você sempre tem conteúdos na mente, um pensamento passa, um desejo surge, raiva, ganância, ambição. Você sempre tem algum conteúdo na mente; a mente nunca fica desocupada. O tráfego continua, noite e dia. Enquanto está acordado ele está lá, durante o sono ele está lá. Quando está acordado você chama isso de "pensar", durante o sono você chama de "sonhar" – é o mesmo processo. Sonhar é um pouco mais primitivo, só isso, porque você pensa em imagens. Não usa conceitos, usa imagens. É mais primitivo; como crianças pequenas pensam em imagens. Por isso os livros para crianças pequenas têm grandes ilustrações, coloridas, porque elas pensam através de imagens. Através das imagens vão aprender as palavras. Aos poucos, essas imagens se tornam cada vez menores, e depois desaparecem.

O homem primitivo também pensa em imagens, e as línguas mais antigas são pictóricas. O chinês, por exemplo, é uma linguagem pictórica; não tem alfabeto.

À noite, você volta a ser primitivo, esquece a sofisticação do seu dia e começa a pensar em imagens, mas é a mesma coisa. E a visão do psicanalista é valiosa, ele analisa os seus sonhos. Nos sonhos há mais verdade, porque você é mais primitivo, não está tentando enganar ninguém, você é mais autêntico.

Durante o dia, você tem uma personalidade em torno de si que o esconde – camadas e mais camadas de personalidade. É muito difícil encontrar a pessoa verdadeira; você vai ter que cavar fundo e isso dói, a pessoa vai resistir. Mas, durante a noite, assim como você despe suas roupas, você despe a sua personalidade também. Ela não é necessária porque você não vai se comunicar com ninguém, você estará sozinho em sua cama. Não vai estar no mundo, estará na sua esfera particular, por isso não há necessidade de se esconder e não há necessidade de fingir. É por isso que o psicanalista tenta analisar seus sonhos, porque eles mostram muito mais claramente quem você é.

Mas é o mesmo jogo numa linguagem diferente; o jogo não é diferente. Esse é o estado normal da mente – mente e conteúdo, consciência mais conteúdo.

O segundo estado da mente é a consciência *sem* conteúdo; isso é meditação. Você está totalmente alerta e há uma abertura, um intervalo. Nenhum pensamento é encontrado, não há nenhum pensamento dentro de você. Você não está dormindo, está acordado, mas não há pensamento. Essa é a meditação.

O primeiro estado é chamado mente, o segundo é chamado de meditação.

E depois há um terceiro estado. Quando o conteúdo desapareceu, o objeto desapareceu, o sujeito não pode existir por muito tempo porque eles existem juntos. Produzem um ao outro. Quando o sujeito está sozinho, ele só pode durar um pouco mais de tempo fora do seu impulso passado. Sem o conteúdo, a consciência não pode existir por muito tempo; não é necessário, porque a consciência é sempre consciência *de* alguma coisa. Quando você diz que está "consciente", podem perguntar: "De quê?" Você diz: "Estou consciente *de*..." Esse objeto é necessário, é imperativo para o sujeito existir. Depois que o objeto desaparece, o sujeito também desaparece. Primeiro o conteúdo se vai, então a consciência desaparece.

Esse terceiro estado é chamado de *samadhi* – nenhum conteúdo, nenhuma consciência. Mas, lembre-se, essa ausência de conteúdo, essa ausência de consciência, não é um estado de inconsciência. É um estado de supraconsciência, de consciência transcendental. A consciência agora só está consciente de si mesma. A consciência se transformou em si mesma, o círculo está completo. Você chegou em casa. Esse é o terceiro estado, *samadhi*; e esse terceiro estado é o que Buda quer dizer com *shunyata*, o vazio.

Primeiro livre-se do conteúdo, você se torna meio vazio. Em seguida livre-se da consciência, você se torna totalmente vazio. E essa "vazio pleno" é a coisa mais bela que lhe pode acontecer, a maior bênção.

Nesse nada, nesse vazio, nessa ausência de ego, nesse *shunyata*, há total segurança e estabilidade.

Você vai se surpreender: como é possível uma completa segurança e estabilidade se você não existe? Todos os medos desaparecem... porque o que é o medo básico? O medo básico é o medo da morte. Todos os outros medos são apenas reflexos do medo básico. Todos os outros medos podem ser reduzidos a um único medo: o medo da morte, o medo de que, "um dia eu possa ter de desaparecer, um dia eu possa ter de morrer. Eu existo e está chegando o dia em que não existirei mais" – isso assusta, esse é que é o medo.

Para evitar esse medo começamos a agir de um modo que possamos viver tanto quanto possível. E tentamos proteger nossa vida – começamos a assumir compromissos, começamos a nos tornar cada vez mais seguros, por causa do medo. Ficamos paralisados, porque, quanto mais seguro estiver, quanto mais "seguro" for, menos vivo você será.

> A vida existe nos desafios, a vida existe nas crises, a vida precisa de insegurança.

A vida existe nos desafios, a vida existe nas crises, a vida precisa de insegurança. Ela cresce no solo da insegurança. Sempre que estiver inseguro, você vai se sentir mais vivo, mais alerta. É por isso que tantas pessoas ricas vivem entediadas: uma espécie de embotamento e uma espécie de estupor as envolvem. Elas vivem tão seguras! Não há desafios. Estão tão seguras que nem precisam ser inteligentes. Estão tão seguras, então para que inteligência? A inteligência só é necessária quando há desafio. A inteligência é estimulada pelo desafio.

Por causa do medo da morte nós nos esforçamos para ter segurança, saldo bancário, seguro de vida, um casamento, uma vida estável, uma casa. Nós nos tornamos parte de um país, aderimos a um partido político, frequentamos uma igreja – nos tornamos hindus, cristãos, muçulmanos. Essas são todas as maneiras de encontrarmos segurança. Todas as maneiras de encontrarmos algum lugar a que pertencer – um país, uma igreja.

E, por causa desse medo, políticos e sacerdotes continuam explorando você. Se você não tiver medo, nenhum político, nenhum sacerdote pode explorá-lo. É somente por causa do medo que eles podem explorá-lo, porque eles podem proporcionar – pelo menos podem prometer – que aquilo que eles têm deixará você mais seguro: "Esta será a sua segurança. Eu posso garantir". Os produtos não podem ser entregues, isso é outra coisa, mas a promessa eles fazem, e a promessa mantém as pessoas cativas e oprimidas. A promessa mantém as pessoas no cativeiro.

Depois de ter conhecido esse vazio interior, o medo desaparece, porque a morte já aconteceu. Nesse vazio ela aconteceu. Nesse vazio você desapareceu, como ainda pode ter medo? Medo de quê? De quem? E quem pode ter medo? Nesse vazio todo o medo desaparece, porque a morte já aconteceu. Agora nenhuma morte é possível. Você sente um tipo de imortalidade, de atemporalidade. A eternidade chegou. Agora você não se preocupa mais com segurança; não há necessidade.

Se você não tiver medo, nenhum político, nenhum sacerdote pode explorá-lo.

Esse é o estado de um *sannyasin*. Esse é o estado em que você não precisa fazer parte de um país, não precisa fazer parte de uma igreja, ou de idiotices como essas.

É só quando se torna um nada que você pode ser você mesmo. Parece paradoxal...

Você não precisa fazer concessões, porque é por medo e ganância que se fazem concessões. E você pode viver com rebeldia porque não há nada a perder. Você pode se tornar um rebelde. Não há nada a temer. Ninguém pode matá-lo, você já fez isso sozinho. Ninguém pode tirar nada de você, você abandonou tudo o que pode lhe ser tirado. Agora está no nada. Você é um nada, por isso o fenômeno paradoxal de que, desse nada, brota uma grande segurança, uma grande estabilidade, porque não há mais morte possível.

E com a morte, o tempo desaparece. Com a morte desaparecem todos os problemas que são criados pela morte e pelo tempo. Na esteira de todos esses desaparecimentos, o que resta é um céu puro. Esse céu puro é *samadhi*, nirvana.

A prisão do eu

A pergunta crucial de Hamlet é: "Ser ou não ser?"
Minha pergunta crucial para você é: "Ser 'e' não ser?"
Como é possível?

Shakespeare é um grande poeta, mas não um místico. Ele tem certa intuição sobre a realidade das coisas, mas é apenas um vislumbre, muito vago, como se visto num sonho; não é claro. A pergunta dele em Hamlet mostra essa falta de clareza. "Ser ou não ser?" é algo que um homem que sabe nunca perguntaria, porque não é uma questão de escolha. Você não pode escolher entre "ser" ou "não ser".

Em termos existenciais, não ser é a única maneira de ser. A menos que desapareça, você não existe de verdade. Parece um pouco difícil de entender, porque é meio irracional. Mas a razão não é o caminho da existência; a existência é tão irracional quanto você pode conceber.

Neste mundo, aqueles que pensam que são não são. E aqueles que pensam e percebem que não são – só eles são algo de fato.

A ideia de que "eu sou" é apenas uma ideia, uma projeção da mente. Mas a percepção de que "eu não sou" só pode resultar do desabrochar da meditação. Quando você percebe, "eu não sou", apenas o "eu" desaparece e, atrás de uma existência pura, indefinida, sem limites, sem restrições, permanece apenas um espaço puro.

O "eu" é uma grande prisão. É sua escravidão e servidão à mente.

O "eu" é uma grande prisão. É sua escravidão e servidão à mente.

No momento em que vai além da mente, você *é*, mas não tem nenhuma noção de ser um ego, de ser um "eu". Em outras palavras, quanto mais você pensa que é, menos você é. Quanto mais você sente que não é... mais você é. No momento em que a bolha de sabão do ego estoura, você se torna toda a existência.

Sim, algo desapareceu... antes você era apenas uma gota de orvalho, agora você é todo o oceano! Você não é um perdedor. Você estava aprisionado num espaço muito pequeno, limitado, e essa prisão é a nossa maior infelicidade, a nossa dor, a nossa angústia. De todos os lados estamos cercados, de todos os lados nos deparamos com uma grossa parede que não conseguimos derrubar.

Você já teve um pesadelo, um sonho... sabe perfeitamente bem que seus olhos estão abertos e você quer mover as mãos, mas não consegue. Você quer se levantar, mas não consegue. Um tremendo medo toma conta de você, como se, por um instante, você ficasse paralisado. Essa experiência irá explicar nossa vida toda como uma gota de orvalho. Nossa natureza intrínseca é ser oceânica, e forçar um oceano a caber numa gota de orvalho é garantia de ansiedade, angústia, sofrimento, agonia.

A pergunta de Shakespeare, "ser ou não ser?", é apenas intelectual, e é inevitável que seja intelectual, porque ele não era um homem de percepção. Ele era muito talentoso, existiram poucos poetas do seu calibre. Mas ser poeta é uma coisa e saber da existência interior, não exterior, é outra.

O poeta olha para a beleza da flor, para a beleza do pôr do sol, para a beleza da noite estrelada, mas ele está sempre do lado de fora, é um observador, um espectador; ele nunca vê nada disso de uma perspectiva interior. Essa é a diferença entre o poeta e o místico. Quando o poeta vê a rosa, a rosa está fora do poeta, o poeta está fora da rosa.

Quando o místico vê a rosa, ele *é* a rosa.

Todas as diferenças, todas as distinções, todas as distâncias desapareceram.

Em tais momentos, os videntes dos Upanishads declararam: *Aham brahmasmi* – "eu sou Deus". Não é uma declaração do ego; é simplesmente uma declaração da experiência mística de ser uno com a realidade suprema. Mas é verdade em escalas menores também.

O místico pode dizer: "Eu sou a rosa, eu sou as estrelas, eu sou o oceano". O poeta não pode dizer isso. Ele pode dizer que a rosa é bela, ele pode fazer uma observação e um julgamento sobre a rosa, mas ele não pode se derreter e se fundir com a realidade da rosa. Ele não pode se perder na rosa, não pode se tornar uno com ela, não pode se desprender da dualidade. Por maior que seja a visão do poeta, ela continuará baseada na dualidade. Certamente o poeta vê mais beleza do que você enxerga. Ele tem olhos límpidos, um coração mais amoroso e uma abordagem diferente da do cientista.

O cientista olha a rosa com o intelecto, com a mente. O poeta olha com o coração, com a intuição. Ele é, certamente, mais profundo do que o cientista. O cientista, na verdade, não pode ver a beleza da rosa; tudo o que ele pode fazer é tentar dissecar a rosa para descobrir onde está a beleza. E no momento em que a rosa é dissecada, toda beleza desaparece... por isso, para o cientista, não existe beleza, porque a beleza não pode sobreviver à dissecção. Por isso para o cientista não há vida, porque no momento em que disseca um ser vivo, você só encontra partes mortas, você nunca encontra a vida.

O místico é simplesmente o oposto do cientista. O cientista tenta conhecer as coisas dissecando-as e o místico tenta conhecer as coisas eliminando a distância, a diferença entre ele e a realidade. Sua abordagem é a do ser. Essas são as três abordagens. A abordagem da mente, isso é o que o cientista está fazendo. A abordagem do coração, isso é o que o poeta, o pintor, o artista estão fazendo. E a abordagem do ser – que é o mundo do místico.

Shakespeare é grandioso em suas composições poéticas, sua intuição é profunda. Mas ele não é um místico; caso contrário, não poderia ter feito essa declaração, "ser ou não ser".

Não é uma escolha, não se trata de duas coisas diferentes.

A única maneira de ser é não ser.

Desapareça se você quiser a existência real, a existência autêntica; funda-se com a realidade, dissolva o cubo de gelo no oceano e se torne uno com ele. Claro que você se perderá como entidade separada, mas vai se tornar o todo. Não é uma perda, é um ganho tremendo.

Você está perguntando: "Minha pergunta crucial para você é: Ser 'e' não ser?" Isso não é uma pergunta, essa é a única maneira pela qual você pode se encontrar. Mas em primeiro lugar vem o "não ser", e em segundo lugar vem o "ser". Essa é a única mudança que eu gostaria de fazer na sua pergunta. Você diz: "Ser 'e' não ser?"

O cientista tenta conhecer as coisas dissecando-as e o místico tenta conhecer as coisas eliminando a distância, a diferença entre ele e a realidade.

– "não ser" tem que vir primeiro, em seguida "ser". Você tem apenas que dar espaço. Jogue fora tudo que está bloqueando o seu espaço. E o maior bloqueio é o ego – jogue-o fora!

Deixe o templo do seu ser ficar totalmente vazio. Esse é o estado do "não ser". E você vai se surpreender... você está tentando "não ser" e pela porta dos fundos vem uma nova percepção do ser, de "ser". Mas o seu esforço não deve se basear nessa ordem, primeiro o "ser" e, em seguida, o "não ser". Isso é contra o processo natural de iluminação. Você tem que alcançar o nada primeiro, ser ninguém primeiro. Esse é o preço que você tem que pagar para atingir a experiência de ser autêntico. Esse é o sacrifício que você tem que fazer. Isso é o que Jesus quer dizer quando afirma: "A menos que você nasça de novo, não vai entrar no reino de Deus". O que ele quer dizer quando fala: "A menos que você nasça de novo"? Ele quer dizer que primeiro você tem que morrer e depois da morte vem a ressurreição.

Quando o ego morre, ele dá espaço para o seu ser autêntico florescer. Na sepultura do seu ego floresce o lótus do seu ser. Mas, lembre-se, você tem que reformular a sua declaração, porque nessa declaração o seu ego persiste. "Ser" é o seu primeiro desejo. Mas, se esse é o seu primeiro desejo, então vai ser muito difícil, quase impossível, permitir o "não ser". Você vai se apegar ao seu ego.

> Quando o ego morre, ele dá espaço para o seu ser autêntico florescer. Na sepultura do seu ego floresce o lótus do seu ser.

Você está dizendo: "ser 'e' não ser". Uma coisa é absolutamente certa, que ambos têm de existir juntos... mas qual deles vai vir primeiro? Você não pode começar do lado errado. Você tem que começar por ser ninguém, simplesmente por dar espaço. Nesse espaço o hóspede chega.

Mas é natural... a maneira como você faz a sua pergunta é natural para a mente.

Foi o que aconteceu... Um homem procurou Gautama Buda com praticamente a mesma pergunta que você fez aqui. Gautama Buda lhe disse:

– Primeiro você tem que abandonar o seu ego e depois nem precisa se preocupar; tudo vai acontecer por conta própria, espontaneamente.

O homem disse:

– Se é dessa maneira que se atinge a realização, então vou me esforçar ao máximo para abandonar o ego.

Buda disse:

– Você não entendeu. Você ainda está tentando realizar o eu. Está até disposto a abandonar o ego, mas o desejo, no fundo, é encontrar um ego mais verdadeiro, um ego mais eterno; isso é o que você está chamando de eu. Esqueça o eu. Não há nada a ser alcançado! Você tem simplesmente que abandonar o ego e esperar.

Não é uma questão de se esforçar, nenhuma realização advém disso. O que acontece, acontece por conta própria. Você não pode dizer que essa é *sua* realização. É por isso que Gautama Buda é a primeira pessoa na história da humanidade que não usou a expressão "autorrealização". Ele descobriu que muitas pessoas, sob o disfarce da palavra "eu", estavam simplesmente protegendo seu ego. Elas estão chamando de autorrealização, mas na verdade querem dizer egorrealização. Elas têm um desejo disfarçado de tornar seu ego permanente e eterno.

Vendo a astúcia da mente humana, Buda simplesmente abandonou as palavras "eu" e "autorrealização". Ele parou de falar sobre o que vai acontecer quando o ego for descartado. Ele disse: "Isso não é da minha conta e não é da sua conta também. Você simplesmente abandona o ego e espera para ver o que acontece, mas não fique imaginando desde o início. Não faça disso um objetivo, uma ambição. No momento em que você faz disso uma ambição, o ego volta pela porta oculta, secreta, do seu ser".

Buda foi muito mal compreendido. Isso era óbvio, particularmente na Índia, onde milhares de anos antes dele as pessoas religiosas já falavam de autorrealização. Mas Buda Gautama tinha uma visão muito mais profunda e mais clara do que qualquer um que o precedeu. Ele via por trás dessa ideia de autorrealização nada mais do que um ego profundo.

Ele mudou toda a linguagem da espiritualidade. No idioma que ele usava – páli é o seu nome –, o eu é chamado de *atta*. Buddha abandonou a palavra completamente e começou a usar uma palavra negativa, *anatta*. Atta significa "eu"; *anatta* significa "não eu". Isso ia contra toda a tradição, não só da Índia, mas de todos os países. Ninguém nunca tinha ouvido falar do "não eu", da "não mente", de "não realização".

As pessoas começaram a perguntar a ele: "Para que todo esse esforço, meditação, disciplina, jejum, austeridades...? Para que, se, no final, vamos ser ninguém? É um esforço estranho! Uma viagem longa, tão árdua, apenas para descobrir no final que você não existe".

O que eles estavam dizendo era lógico. Mas sempre que você encontrar um homem como Buda Gautama, saiba que o amor dele é muito mais forte do que a sua lógica pode ser um dia. A presença dele é muito mais forte do que a sua razão, sua mente, sua personalidade, suas ambições, seus desejos. A presença é tão poderosa, tão magnética que as pessoas começam – contra si mesmas, apesar de si mesmas –, uma jornada que termina no "não eu".

Um homem como Buda Gautama tem uma certa atração magnética, muito sutil. As coisas não se movem em direção a ele, mas as almas se movem, as consciências se movem, as forças vitais se movem. É a sua presença que lhe dá a prova de que o "não ser" não é a morte, o "não ser" é o ápice da vida.

Mas lembre-se, o "não ser" vem primeiro; essa é a sua meditação, essa é a sua morte. Dessa meditação, dessa morte, desse nada, surgirá a sua face original, o seu ser original. Então você vai ter que mudar um pouquinho. Coloque o "não ser" primeiro. Essa tem que ser a sua prioridade. Você não precisa se preocupar com o ser, ele vem. Ele sempre vem, sem nenhuma exceção.

Eu estou dizendo com base na minha própria experiência também. Eu tive que desaparecer no nada – e fora do nada surge uma presença totalmente nova, totalmente rejuvenescida, eterna. Não é obra minha. Eu não posso levar nenhum crédito por isso. No máximo, permiti que acontecesse, porque eu não estava lá para ser um empecilho. O seu "não ser" precisa vir primeiro para que você não seja um empecilho quando seu ser começar a surgir... só uma pequena mudança.

> O velho Hymie Goldberg voltou ao médico para dizer que estava muito satisfeito com o aparelho auditivo invisível que tinham colocado nele.
> – Aposto que sua família gosta do aparelho, também – disse o médico.
> – Ah, não – disse o velho Hymie –, eles não sabem sobre ele ainda e estou me divertindo muito. Nesses últimos dois dias, já mudei o meu testamento duas vezes!

Você também tem que mudar o seu testamento. O que você considera secundário tem de vir primeiro, e o que você colocou em primeiro lugar na verdade não é da sua conta. Ele virá, assim como quando a primavera chega, as flores vêm por conta própria.

4

Faça amor, não faça medo – Confie em si mesmo e nos outros

A vida de todo mundo é, em maior ou menor grau, regida pelo medo, porque existem apenas duas maneiras de se viver a vida. Ou ela pode ser regida pelo amor ou pode ser regida pelo medo. A menos que a pessoa tenha aprendido a amar, normalmente ela é regida pelo medo.

Sem amor, o medo fatalmente aparece. Ele é apenas ausência de amor. Não tem nada de positivo nele; é apenas ausência de amor. Mas, se você amar, o medo desaparece. No momento do amor não existe nem mesmo a morte.

Existe apenas uma coisa na vida que vence a morte e essa coisa é o amor. Todo o medo está ligado à morte e somente o amor pode vencer a morte.

Sem amor, o medo fatalmente aparece. Ele é apenas ausência de amor.

Então, uma coisa que eu gostaria de dizer a você é: não dê muita atenção ao medo, porque ele se torna uma auto-hipnose. Se ficar repetindo que vive com medo, que a sua vida é regida pelo medo, você será dominado pelo medo e o estará alimentando. Tome nota disto: a sua vida é regida pelo medo – e ponto-final! Isso simplesmente mostra que o amor ainda não se tornou tão poderoso a ponto de fazer o medo desaparecer.

O medo é apenas um sintoma, não é uma doença. Não há cura para ele, não há necessidade. Porque ele é apenas um sintoma, e é muito útil, pois mostra que você não deve mais desperdiçar a sua vida. Ele simplesmente lhe diz para amar mais.

Então não vou falar sobre o medo. Vou ajudá-lo a amar mais e o medo desaparecerá em consequência disso. Se começa a trabalhar diretamente com o medo, você o fortalece, porque toda a sua atenção estará focada nele. É como se alguém estivesse tentando destruir a escuridão e ficasse focado nela, obcecado por ela, procurando uma forma de destruí-la. Você não pode destruir a escuridão, porque não existe nada ali para começo de conversa. Atente para o fato de que a escuridão existe e depois comece a pensar em como trazer a luz.

A mesma energia que você está usando para combater o medo pode ser usada para o amor. Preste mais atenção no amor. Se você tocar, toque com tanto carinho quanto for possível; como se a sua mão se transformasse em todo o seu ser e você estivesse fluindo através de sua mão. Você vai sentir a energia passando através dela, um certo calor, um brilho. Quando fizer amor, perca o controle e esqueça toda a civilização. Esqueça tudo o que foi ensinado sobre o amor, apenas perca o controle e ame como os animais.

Depois que você perceber que a presença do amor se torna a ausência do medo, você chega ao ponto e não há mais problema.

Quando o ser humano vive com medo, ele fica rígido. É o medo que cria essa rigidez. Com medo nós nos

> A mesma energia que você está usando para combater o medo pode ser usada para o amor. Preste mais atenção no amor.

fechamos, fechamos todas as portas e todas as janelas. Começamos a viver num buraco pequeno e escuro. Nossa vida já se torna morte. E criamos uma armadura em torno de nós, uma rígida armadura de aço, para ficarmos protegidos e seguros.

Não é desse jeito que se vive a vida; essa é uma maneira de se cometer suicídio. Isso é um suicídio de verdade. Já é entrar no túmulo em vida, porque esse tipo de existência fechada não sabe nada sobre a verdade, a beleza, o amor, a felicidade, a divindade. Se nada puder entrar, como você pode saber o que o rodeia? E se não sabe o que o rodeia, você nunca será capaz de conhecer a si mesmo. Pode-se conhecer a si mesmo apenas em referência ao outro. Primeiro você tem que conhecer o "tu", só então pode conhecer o "eu".

Os psicólogos dizem que a criança primeiro toma consciência dos outros: a mãe, o pai, os irmãos, as irmãs, a família, as coisas que a rodeiam, o quarto, as paredes, os brinquedos. Então, lentamente, ela vai chegando cada vez mais perto de si mesma... depois toma consciência do seu corpo. E então, um dia, começa a se sentir como um indivíduo separado. Primeiro ela se torna consciente do outro e depois, tomando o outro como referência, ela se define. O outro dá a ela essa definição.

Uma pessoa que vive em função das suas posses não vai conhecer o seu verdadeiro eu, porque ela vive rodeada de coisas, e as coisas só podem defini-la como uma coisa; elas não podem defini-la como uma alma.

Apenas um amor profundo faz com que a pessoa fique consciente da sua alma, porque no amor profundo ela se torna consciente da alma do outro, e a alma do outro causa uma reação em você, cria uma ressonância em você. De repente, você toma consciência de uma nova dimensão, de algo que está além do tempo e do espaço. O "tu" se torna o espelho para você conhecer a sua própria face. O amor é o melhor espelho para mostrar quem você é.

A pessoa fechada nunca sabe quem ela é, ela não pode saber. E tudo o que ela sabe sobre si mesma é falso, ela vive com uma identidade falsa. Ela acha que é o seu nome e o seu dinheiro e o seu poder e o seu prestígio, e isso é tudo bobagem, ela não é nenhuma dessas coisas. Ela é algo divino, algo que existe antes do nascimento e que existirá depois da morte... mas ela não está consciente disso.

A pessoa tem que se tornar frágil, vulnerável, aberta. Ela tem que se tornar quase uma esponja, de modo que o sol e a chuva e o vento sejam todos permitidos, convidados, aceitos, bem-vindos, para que a existência possa penetrar nela. E ela tem que permitir que a existência chegue ao seu âmago mais profundo, porque esse é o único jeito – se a existência puder ir fundo no seu ser – de você tomar consciência das suas profundezas. Se ela penetrar até o âmago, você vai se tornar consciente do seu cerne. E isso é o que se entende por autoconhecimento.

Mas é preciso aprender a ser mais suave, a abandonar todas as armaduras, a abrir as portas e janelas, a não se apegar mais ao medo – a se apaixonar pelas árvores e pelas montanhas e pelos rios e pelas pessoas... porque o amor é a chave que abre as suas portas. Você se abre para alguém apenas quando ama, porque aí você não tem mais medo. Você consegue deixar que o outro chegue até você, consegue confiar. Você sabe que o outro não vai te ferir.

No dia em que uma pessoa confia na totalidade da existência, no dia em que ela sabe que "A vida não vai me machucar, porque sou parte dela. Como o todo pode machucar a parte? Porque a minha dor será a sua dor, meu sofrimento será seu sofrimento...". Quando você está infeliz, uma parte da existência fica infeliz. Quando você está chorando, a existência está chorando, porque suas lágrimas são as lágrimas do todo. Todos os olhos são os olhos do todo, e todas as mãos são as mãos da existência. O todo, o divino, não tem outros olhos e não tem outras mãos.

Então, quando seus olhos estão cheios de lágrimas e seu coração está cheio de dor, a existência está cheia de dor e cheia de lágrimas. Como pode o todo magoar ou ferir a parte? É impossível! É um medo desnecessário.

A única coisa que eu ensino é: abandone o medo. Ele é absolutamente desnecessário e está prejudicando você, paralisando você. É um tipo lento de veneno que mata as pessoas, que as destrói. Elas vivem e ainda assim não vivem, só morrem. Morrem durante um longo período de tempo, setenta anos, oitenta anos, lentamente, parte por parte. Elas não se matam num único instante, portanto não chamam isso de suicídio, mas é suicídio.

Minha observação é que noventa e nove por cento das pessoas se suicidam. Só uma pessoa muito rara vive, realmente vive. Essa pessoa tem que ser corajosa o suficiente para ficar aberta a todo tipo de experiência, para ficar incondicionalmente aberta.

O medo da intimidade
Por que eu sinto medo quando alguém chega perto de mim? É apenas falta de confiança?

A confiança só é possível se primeiro você confiar em si mesmo. A coisa mais fundamental tem que acontecer dentro de você primeiro. Se confiar em si mesmo, você consegue confiar nas pessoas, consegue confiar na existência. Mas, se não confia em si mesmo, então nenhuma outra confiança jamais é possível.

E todo mundo sente medo, um pouco mais ou um pouco menos. É por isso que as pessoas não permitem que os outros cheguem muito perto, é por isso que elas evitam o amor. Às vezes, em nome do próprio amor, elas evitam o amor. As pessoas mantêm distância entre si, permitem que as outras se aproximem apenas até certo ponto, depois disso surge o medo.

> A confiança só é possível se primeiro você confiar em si mesmo.

Qual é o medo? O medo é que o outro consiga ver o seu vazio se chegar perto demais. Não tem nada a ver com a outra pessoa. Você nunca foi capaz de aceitar o seu vazio interior, esse é o medo. Você criou uma superfície muito, muito bem decorada. Você tem um rosto bonito e tem um sorriso bonito e fala bem e é muito articulado e canta bem e tem um corpo bonito e uma bela persona. Mas isso tudo é só a superfície. Atrás disso há simplesmente o vazio. Você tem medo de que, se alguém se aproximar demais, vai ser capaz de ver além da máscara, além do seu sorriso, será capaz de ver por trás das suas palavras. Isso o assusta. Você sabe que não há mais nada, você é apenas uma superfície, esse é o medo – você não tem nenhuma profundidade.

Não é que *não possa* ter profundidade – você pode ter, mas não deu o primeiro passo ainda. O primeiro passo é aceitar esse vazio interior com alegria e mergulhar nele. Não evitar o seu vazio interior. Se você evitar o seu vazio interior, vai evitar que as pessoas cheguem mais perto de você. Se você se alegrar com a sua vacuidade, ficará completamente aberto e vai convidar as pessoas a chegar mais perto e dar um olhar no seu santuário mais íntimo. Porque, quando ele é aceito, o vazio tem uma certa qualidade, mas, quando é rejeitado, ele tem uma qualidade diferente.

A diferença está na sua mente. Se você rejeitá-lo, ele parece a morte; se você aceitá-lo, a mesma coisa se torna a própria fonte de vida.

Somente através da meditação você será capaz de permitir que outros cheguem mais perto. Só através da meditação, quando você tiver começado a sentir o seu vazio interior, como alegria, como celebração, como música, quando o seu vazio interior não apavorá-lo, quando o seu vazio interior não assustá-lo, quando o seu vazio interior for um consolo, um abrigo, um refúgio, um descanso – e sempre que estiver cansado, você simplesmente puder se afogar em seu vazio interior, desaparecer lá dentro –, quando começar a amar o seu vazio interior e a alegria que surge dele, milhares de flores de lótus desabrocharão nesse vazio. Elas flutuarão no lago da vacuidade.

Mas você tem tanto medo de ficar vazio que não olha para ele. Você faz todos os esforços para evitá-lo. Você vai ouvir rádio; vai ver um filme; vai assistir à TV; vai ler jornal, uma história de detetive – alguma coisa, qualquer coisa, mas ficará constantemente evitando o seu vazio interior. Quando está cansado, você cai no sono e sonha, mas nunca o enfrenta. Você nunca o mantém perto de você, nunca o abraça. Essa é a razão.

Você pergunta: "Por que sinto medo quando alguém chega perto de mim?" É uma grande sacada essa que você teve. Todo mundo sente medo quando alguém chega perto, mas muito poucas pessoas estão conscientes disso. As pessoas permitem a proximidade apenas condicionalmente – a mulher é sua esposa, então você permite que ela durma na sua cama, fique com você à noite. Mas ainda assim você mantém uma parede invisível entre você e ela. A parede é invisível, mas está lá. Se quiser ver essa parede, observe, você vai encontrá-la – transparente, uma parede de vidro, mas ela está lá. Você mantém sua privacidade, sua esposa mantém a privacidade dela. Suas privacidades nunca se encontram. Você tem seus segredos, ela tem os dela. Vocês não estão realmente abertos e disponíveis um para o outro.

> Quando os corpos de dois amantes penetram um no outro há um orgasmo físico, e quando dois espíritos penetram um no outro há um orgasmo espiritual.

Mesmo no amor, você não permite que o outro realmente entre em você, não permite que o outro penetre em você. E, lembre-se, se permitir que o outro penetre, haverá um grande êxtase. Quando os corpos de dois amantes penetram um no outro há um orgasmo físico, quando duas mentes penetram uma na outra há um orgasmo psicológico, e quando dois espíritos penetram um no outro há um orgasmo espiritual.

Você pode não ter nem mesmo ouvido falar dos outros dois. Mesmo o primeiro é uma raridade. Muito poucas pessoas atingem o orgasmo físico real, elas se esqueceram disso. Pensam que ejaculação é orgasmo. Assim, muitos homens acreditam que têm orgasmo e, como as mulheres não ejaculam, pelo menos não visivelmente, oitenta por cento delas pensam que não têm orgasmo. Mas ejaculação não é orgasmo. É apenas um alívio local, um alívio sexual, não é orgasmo. O alívio é um fenômeno negativo – você simplesmente perde energia – e o orgasmo é uma coisa totalmente diferente. É uma dança de energia, não um alívio. É um estado extasiante de energia. A energia torna-se um fluxo. E é por todo o corpo; não é sexual, é físico. Cada célula e cada fibra do seu corpo pulsam com uma nova alegria. Ficam rejuvenescidas... e uma grande paz sobrevém.

Mas as pessoas nem sequer conhecem o orgasmo físico, então que dirá o orgasmo psicológico, como falar sobre ele? Quando você permite que alguém chegue muito perto de você, um amigo, um ente querido, um filho, um pai, não importa que tipo de relacionamento, quando você permite que alguém chegue tão perto que suas mentes começam a se sobrepor, a se interpenetrar, então ocorre algo além do orgasmo físico que é um salto. O orgasmo físico é bonito, mas nada comparado com o orgasmo psicológico. Depois de ter conhecido o orgasmo psicológico, o orgasmo físico perde a graça. É um substituto muito pobre.

Mas mesmo o orgasmo psicológico não é nada se comparado com o orgasmo espiritual, quando dois espíritos – e por "espíritos" quero dizer dois vazios, dois zeros – se sobrepõem. Lembre-se, dois corpos só podem se tocar, eles não podem se sobrepor, porque são físicos. Como podem dois corpos ocupar o mesmo espaço? É impossível. Então, no máximo, você pode ter um toque muito próximo. Dois corpos só podem se tocar, mesmo no amor sexual dois corpos só se tocam. A penetração é muito superficial, não é mais do que um toque, porque dois objetos físicos não podem existir no mesmo lugar. Se eu estou aqui sentado nesta cadeira, então ninguém mais pode se sentar no mesmo lugar. Se uma pedra está num determinado lugar, você não pode colocar outra coisa nesse lugar. O espaço está ocupado.

Objetos físicos ocupam espaço, portanto, dois objetos físicos só podem se tocar – e essa é, em parte, a tristeza do amor. Se conhece só o amor físico, você sempre será infeliz porque vocês só vão estar se tocando e o desejo profundo é tornar-se um único ser. Mas dois objetos físicos não podem se tornar um só. Não é possível.

Uma comunhão melhor acontece entre duas psiques. Elas podem se aproximar. Mas, mesmo assim, dois pensamentos não podem ocupar o mesmo espaço, porque os pensamentos são coisas sutis. Eles podem se tocar muito melhor, podem se entrelaçar muito melhor do que duas coisas... as coisas são muito sólidas, os pensamentos são mais líquidos. Quando os corpos de dois amantes se encontram, são como duas pedras se unindo; quando duas psiques se encontram, são como água e óleo se encontrando. Sim, é um encontro melhor, mas ainda há uma divisão sutil. Dois pensamentos não podem ocupar o mesmo espaço. Se você tem um pensamento, não pode ter outro pensamento ao mesmo tempo. O primeiro pensamento vai ter que se dissipar para que você possa prestar atenção em outro. Apenas um pensamento pode estar na sua mente num tempo e num espaço. Assim, mesmo a amizade, a amizade psicológica, perde alguma coisa, falta-lhe algo. É melhor do que o primeiro tipo de orgasmo, mas nada comparado ao terceiro.

A penetração espiritual é a única possibilidade de realmente comungar com alguém, porque espírito significa vazio. Dois vazios podem ficar juntos. E não apenas dois, todos os vazios do mundo podem ficar juntos num só espaço. Eles podem ocupar o mesmo espaço simultaneamente, ao mesmo tempo, não há nenhum problema, porque não são concretos como objetos, nem líquidos como a água. Eles estão simplesmente vazios de si mesmos. Podem-se juntar um número infinito de vazios.

> Se você quiser se aproximar de mim, a única maneira é me deixar me aproximar de você. Não existe alternativa.

Quando começar a sentir o seu vazio – alegremente, lembre-se –, você vai conseguir deixar que as pessoas cheguem mais perto de você. Não só conseguirá deixar que se aproximem como será sempre acolhedor – porque, sempre que uma pessoa se aproxima de você, ela também precisa permitir que você chegue perto dela. Não há outro jeito. Se você quiser se aproximar de mim, a única maneira é me deixar me aproximar de você. Não existe alternativa.

Mas do modo como você é, sempre que algo começa a acontecer em você, você fica com medo e foge.

Lembre-se: se algo é muito assustador, lembre-se de que não é hora de ir a nenhum outro lugar, é hora de ficar *aqui*. Quando algo assustador está acontecendo, então *algo está acontecendo*. O momento é muito profícuo e você tem que ficar aqui e tem que seguir com ele.

Essa é uma boa sacada, perguntar por que você sente medo sempre que alguém chega perto. Você está ficando um pouco mais consciente do seu vazio. Agora deixe essa consciência aumentar. Deixe essa consciência se tornar uma grande experiência. Mergulhe nesse vazio e em breve você vai se surpreender ao ver que esse vazio é o que significa meditação, esse vazio é o que eu chamo de divindade. E então você vai se tornar um templo, aberto a qualquer estranho que queira entrar.

Medo de si mesmo
Se eu olhar para minha própria vida, vejo que tenho
tanto medo das outras pessoas que nem cogito
a possibilidade de que cheguem perto!
O que é esse medo dos outros?

Se tem medo de si mesmo, você tem medo das outras pessoas. Se ama a si mesmo, você ama as outras pessoas. Se odeia a si mesmo, você odeia os outros. Na relação com os outros, tudo é só você – refletido neles. O outro não passa de um espelho. Assim, sempre que algo acontece num relacionamento, saiba sempre que deve ter acontecido antes, dentro de você, porque o relacionamento só

>
> Se tem medo de si mesmo, você tem medo das outras pessoas. Se ama a si mesmo, você ama as outras pessoas.

pode ampliar o que já existe dentro de você. Ele não pode criar, só pode mostrar e manifestar o que já existe lá.

Se você se ama, também ama os outros. Se tem medo de si mesmo, também tem medo dos outros. Ao entrar em contato com os outros, você vai começar a manifestar o seu ser.

Você foi condicionado – no Oriente, no Ocidente, em todos os lugares, cristãos, hindus, muçulmanos, jainistas –, todos foram condicionados a odiar a si mesmos. Ensinaram a você que se amar é ruim. Espera-se que você ame os outros, não a si mesmo. Isso é pedir um absurdo, uma impossibilidade – se você não se ama, e você é quem está mais perto de você, como pode amar alguém? Ninguém ama a si mesmo se está tentando só amar os outros. Então o seu amor não é nada além de um ódio mascarado, disfarçado.

Eu digo a você para se amar primeiro, porque, só se o amor acontecer dentro de você, ele pode se refletir nos outros. É como jogar uma pedra num lago tranquilo. A pedra cai, surgem ondulações e então elas vão avançando até chegar à margem mais distante. Elas vão continuar e continuar e continuar, mas a pedra tem de ter caído dentro de você primeiro.

O amor tem de ter acontecido com você. Você tem de amar a si mesmo, esse é um requisito básico – que está em falta no mundo inteiro. É por isso que o mundo está essa tragédia. Todo mundo está tentando amar, mas é impossível amar, porque está faltando a base, está faltando o alicerce.

Ame-se, e então de repente você vai ver esse amor refletido em todos os lugares. Você é um ser humano e todos os outros seres humanos são como você. São apenas formas diferentes, nomes diferentes, mas a realidade é a mesma. Continue se expandindo, indo cada vez mais longe; então os animais também são como você, só a forma que difere um pouco. Mas e o ser? Então você passa a gostar das árvores também. Vá mais e mais longe, as ondulações se espalham; então até mesmo pedras, pois elas também existem, como você. A existência é a mesma, é semelhante.

Esta é a única maneira: começar amando a si mesmo e deixar que o amor se espalhe. Então não deixe que exista nenhuma fronteira, continue até o próprio infinito.

Mas, se você perder a primeira etapa, se a pedra não tiver sido lançada, então você vai continuar esperando e observando, e as ondulações nunca vão surgir... Elas não podem começar em nenhum outro lugar; só podem começar no seu coração. O amor é uma ondulação no coração, uma vibração no coração, uma pulsação, um compartilhar de tudo o que você é, um desejo profundo e intenso de alcançar o outro, para compartilhar seu ser e seu prazer e sua música. Mas, se o seu

O amor é um compartilhar de tudo o que você é, um desejo profundo e intenso de alcançar o outro, para compartilhar seu ser.

coração estiver quase morto, congelado, e lhe ensinaram a se condenar – que você é feio, que você é ruim, que isso é pecado, "Não faça isso, você é pecador!" –, então você não vai conseguir aceitar a si mesmo. Como pode, então, aceitar outra pessoa?

Uma aceitação profunda é necessária. Seja o que for, seja quem for, uma profunda aceitação é necessária, não só é preciso se aceitar, mas se deliciar com quem você *é*. Não deve haver nenhum "deveria". Abandone todos os "deverias" e o mundo todo fica diferente. Agora, você pensa o tempo todo, "eu deveria ser assim e assado; se eu fosse assim poderia amar e ser amado".

Mesmo o seu Deus nada mais é do que o maior juiz de todos, olhando para você do céu e dizendo: "Comporte-se!" Isso lhe dá uma sensação ruim com relação a si mesmo. Aos poucos, você fica com medo porque está se reprimindo. Se você se relaciona com alguém, a repressão pode se romper e tudo pode borbulhar para a superfície. Então o que acontece? Você fica com medo, medo de entrar em contato com qualquer coisa e então fica escondido dentro de si mesmo. Ninguém sabe quanto você é feio, ninguém sabe quanto você tem raiva. Ninguém sabe quanto você é cheio de ódio, ninguém sabe do seu ciúme, da sua possessividade, da sua inveja. Ninguém sabe. Você cria uma armadura em torno de si e vive dentro dessa armadura. Para que possa preservar sua imagem, você nunca faz

O seu Deus nada mais é do que o maior juiz de todos, olhando para você do céu e dizendo: "Comporte-se!"

nenhum contato. Se tiver um contato profundo com outra pessoa, a imagem fatalmente vai se romper. A realidade, o encontro real vai rompê-la, esse é o medo.

Você pergunta: "Por que tenho medo das outras pessoas?" Você tem medo porque tem medo de si mesmo.

Deixe de lado esse medo. Deixe essa culpa que foi incutida em você. Seus políticos, sacerdotes, pais, todos incutem a culpa, porque essa é a única maneira de poderem controlar e manipular você. É um truque bastante simples, mas muito astuto para manipulá-lo. Eles condenaram você, porque, se você não fosse condenado e fosse aceito – se você fosse amado, apreciado e se transmitissem a você de todos os lugares que está tudo certo com você –, então seria difícil controlá-lo.

Como controlar uma pessoa dizendo que está tudo bem com ela? Ela não vai ter problema algum. Por isso, continuam dizendo – os padres, os políticos, os pais – que não está tudo bem com você. Depois que lhe incutem o sentimento de que há algo errado com você, eles se tornam ditadores; agora eles têm que ditar a disciplina: "É dessa maneira que você tem que se comportar". Primeiro eles incutem o sentimento de que você está errado; depois lhe dão as opções para corrigir isso.

Aceite-se como você é, porque é só desse jeito que você pode ser. É assim que o todo quis que você fosse. É desse jeito que o todo esperava que você fosse. Relaxe e se aceite e se deleite – e assim ocorre a transformação. Ela não vem através do esforço; trata-se de aceitar a si mesmo com um amor e êxtase tão profundos que não existe nenhuma condição, consciente ou inconsciente, conhecida ou desconhecida. Aceitação incondicional – e de repente você vê que não tem medo das pessoas. Pelo contrário, você gosta das pessoas. As pessoas são lindas. Elas são todas manifestações da divindade. Você as ama, e se as ama você traz a divindade delas para a superfície.

Sempre que você ama uma pessoa, a divindade dela vem à tona. Isso acontece porque, se alguém ama você, como você pode mostrar sua feiura? Simplesmente, o seu belo rosto vem à tona. Aos poucos, a cara feia desaparece. O amor é alquímico. Se você ama a si mesmo, a parte feia de você desaparece, é absorvida, é transformada. A energia é liberada dessa forma.

Aceite-se como você é, porque é só desse jeito que você pode ser.

Tudo carrega energia. Sua raiva tem muita energia nela, e seu medo também tem muita energia, estagnada e sufocada dentro dele. Se o medo desaparece, a forma desaparece e a energia é liberada. A raiva desaparece e mais energia é liberada. O ciúme desaparece – mais energia ainda. Aquilo que é chamado de "pecados" simplesmente desaparece. Não é que você tenha que mudá-los; você tem que amar o seu ser, e assim eles mudam. A mudança é um subproduto, uma consequência; uma energia tremenda é liberada, você começa a flutuar mais e mais e mais alto. Você cria asas.

Ame a si mesmo. Esse deveria ser o mandamento básico. Ame a si mesmo. Tudo o mais vem naturalmente, mas essa é a base.

O outro lado do amor

O medo é o outro lado do amor. Se você está no amor, o medo desaparece. Se você não está no amor, o medo surge – um medo tremendo. Somente os que amam são destemidos; apenas num momento profundo de amor não existe medo. Num momento profundo de amor, a existência torna-se um lar, você não é um estranho, você não é uma pessoa de fora, você é aceito. Mesmo se por um único ser humano você for aceito, algo no fundo do seu ser se abre – um fenômeno semelhante a uma flor acontece no âmago do seu ser. Você é aceito por alguém, você é valorizado; você não é fútil. Você tem um significado, um sentido.

Se na sua vida não houver amor, então você vai ficar com medo. Então haverá medo em todos os lugares, porque em todos os lugares existem inimigos, nenhum amigo, e toda a existência parecerá estranha; você vai parecer acidental, sem raízes, fora de casa. Mesmo um único ser humano pode dar a você esse sentimento profundo de estar em casa no amor, que dirá se você estiver amando o todo?

> Mesmo se por um único ser humano você for aceito, algo no fundo do seu ser se abre.

Então o medo, na verdade, é ausência de amor. E se o medo é um problema para você, isso mostra que está olhando para o lado errado. O amor deveria ser o problema, não o medo. Se o medo é o problema, isso significa que você deve procurar o amor.

Se o medo é o problema, o problema na verdade é que você deveria ser mais amoroso para que alguém possa ser mais amoroso com você. Você deveria ser mais aberto ao amor.

Mas esse é o problema: quando está com medo, você está fechado. Você começa a sentir tanto medo que para de se mover em direção a outro ser humano. Você gostaria de ficar sozinho. Sempre que está com alguém você fica nervoso, porque o outro parece seu inimigo. E se você está tão obcecado com o medo, é um círculo vicioso. A ausência de amor cria medo em você, e agora, por causa do medo você se mantém fechado. Torna-se como uma cela fechada, sem janelas, porque tem medo que alguém possa entrar pelas janelas, e vê inimigos por toda parte. Você está com medo de abrir a porta, porque, quando abre a porta, tudo é possível. Assim, mesmo quando o amor bate à sua porta, você não confia.

Um homem ou uma mulher que está tão profundamente enraizado no medo está sempre com medo de se apaixonar, porque na paixão as portas do coração são abertas e o outro tem permissão para entrar, e o outro é o inimigo. Diz Sartre, "O inferno são os outros".

Os que amam conheceram outra realidade: o outro é o céu, o próprio paraíso. Sartre devia estar vivendo profundamente arraigado no medo, na angústia, na ansiedade. E Sartre se tornou uma pessoa muito influente. Na verdade, ele deveria ser evitado como uma doença, uma doença perigosa.

Mas ele atrai as pessoas porque o que está dizendo, muitos sentem na própria vida. É por isso que as pessoas se sentem atraídas por ele. Depressão, tristeza, angústia, medo, esses são os temas de Sartre, os temas de todo o movimento do existencialismo, e as pessoas sentem que esses são os seus problemas. Quando falo de amor, é claro que você sente que não é o seu problema; o medo é o seu problema. Mas eu gostaria de dizer que o amor é o seu problema, não o medo.

É bem assim: a casa está escura e eu falo da luz, e você diz: "Você vai ficar falando da luz? Seria melhor se falasse da escuridão, porque a escuridão é o nosso problema. A casa está cheia de escuridão. O nosso problema não é a luz". Mas você percebe o que está dizendo? Se a escuridão é o seu problema, falar sobre a escuridão não vai ajudar em nada. Se a escuridão é o seu problema, nada pode ser feito diretamente com a escuridão. Você não pode jogá-la fora, você não pode empurrá-la para fora, você não pode desligá-la. A escuridão é uma ausência. Nada pode ser feito com relação a isso diretamente. Se você tem que fazer alguma coisa, tem que fazer com a luz, não com a escuridão. Preste mais atenção na luz — em como encontrar luz, em como criar luz, em como acender uma vela na casa. E, de repente não há mais escuridão.

Lembre-se: o amor é o problema, nunca o medo. Você está olhando para o lado errado. E pode ficar olhando para o lado errado durante muitas vidas e não será capaz de resolver coisa alguma. Lembre-se sempre, a ausência não deve ser considerada um problema, porque nada pode ser feito com respeito a isso. Só a presença deve ser considerada um problema, porque então algo pode ser feito e ela pode ser resolvida.

Se sentir medo, então o amor é o problema. Torne-se mais amoroso. Dê alguns passos em direção ao outro... porque todo

> Se sentir medo, então o amor é o problema. Torne-se mais amoroso. Dê alguns passos em direção ao outro... porque todo mundo está com medo, não só você.

mundo está com medo, não só você. Você espera que alguém venha até você e o ame, você pode esperar para sempre porque o outro também está com medo. E as pessoas que têm medo ficam com medo de uma coisa: de serem rejeitadas.

Se eu for bater na sua porta, existe a possibilidade de você me rejeitar. Essa rejeição vai se tornar uma ferida, por isso é melhor não ir. É melhor ficar sozinho. É melhor se voltar para si mesmo, para não se envolver com o outro, porque o outro pode rejeitá-lo. No momento em que se aproximar e tomar a iniciativa com relação ao amor, o primeiro medo vem à tona: o outro vai aceitá-lo ou rejeitá-lo? A possibilidade existe, essa pessoa pode rejeitar você.

É por isso que as mulheres nunca dão o primeiro passo, elas têm mais medo. Sempre esperam o homem, ele deve abordá-las. Elas sempre mantêm a possibilidade de rejeição ou aceitação para elas mesmas, nunca dão a possibilidade para o outro, porque têm mais medo do que os homens. Assim, muitas mulheres simplesmente esperam a vida toda! Ninguém vem bater à sua porta, porque uma pessoa que tem medo torna-se, de certa forma, tão fechada que ela afasta as outras pessoas. Basta chegar perto e a pessoa com medo joga certas vibrações à volta dela, de modo que qualquer um que se aproxime é afastado. Até mesmo nos movimentos dela você pode sentir o medo.

Converse com uma mulher – se de certa maneira sente amor e carinho por ela, você gostaria de se aproximar. Você gostaria de ficar mais perto e conversar. Mas observe o corpo dela, porque o corpo tem sua própria linguagem. A mulher vai se inclinar para trás, sem ter consciência disso, ou pode simplesmente se afastar. Você está chegando mais perto e ela está se afastando. Ou se não há nenhuma possibilidade de recuar, há uma parede, então ela vai se encostar à parede. Ao não se inclinar para a frente, ela está dizendo: "Vá embora". Ela está dizendo: "Não chegue perto de mim".

As pessoas sentadas, as pessoas andando – observe. Há pessoas que simplesmente afastam todo mundo; qualquer um que chega perto, elas ficam com medo. E medo é energia, assim como o amor, uma energia negativa. Um homem que está sentindo amor borbulha com uma energia positiva. Quando você se aproxima, é como se um ímã o atraísse; você tem vontade de ficar com essa pessoa.

Se o medo é o seu problema, então pense na sua personalidade, observe-a. Você deve ter fechado as portas para o amor, só isso. Abra as portas. Claro que existe a possibilidade de ser rejeitado, mas por que ter medo? O outro só pode dizer "não". Existe cinquenta por cento de chance de ouvir um "não", mas, só por causa dessa possibilidade de cinquenta por cento, você opta por uma vida cem por cento sem amor?

A possibilidade existe, mas por que se preocupar? Existem tantas pessoas! Se alguém disser não, não se magoe, não considere isso uma mágoa. Ouça e pense: não aconteceu. Ouça e pense que a outra pessoa não sentiu vontade de se aproximar de você; você não é compatível com ela. Vocês são tipos diferentes. Ele ou ela não disseram "não" a *você*, na verdade; não é nada pessoal. Vocês não são compatíveis, por isso, siga em frente. E é bom que a pessoa tenha dito "não", porque, se você não é compatível com uma pessoa e ela diz "sim", aí, sim, você está em apuros. Você não percebe, mas ela lhe poupou uma vida inteira de problemas! Agradeça a ela e siga em frente, porque ninguém é compatível com todo mundo. Cada indivíduo é tão único que, na verdade, é muito difícil encontrar a pessoa certa para você. Num mundo melhor, em algum momento no futuro, as pessoas serão capazes de circular mais e encontrar a mulher certa ou o homem certo.

Não tenha medo de cometer erros, porque, se tiver medo de cometer erros, você não vai se mover e vai desperdiçar toda uma vida. É melhor errar do que não fazer nada. É melhor ser rejeitado do que simplesmente permanecer com você mesmo, com medo de não tomar iniciativa, porque a rejeição revela a possibilidade de aceitação; é o outro lado da aceitação. Se alguém rejeita, alguém também vai aceitar. A pessoa tem que se colocar em movimento e encontrar a pessoa certa. Quando as pessoas certas se encontram, algo faz um clique dentro delas. Elas são feitas uma para

Não tenha medo de cometer erros, porque, se tiver medo de cometer erros, você não vai se mover e vai desperdiçar toda uma vida.

a outra, elas se encaixam. Não que não haja conflitos, não que não haverá momentos de raiva e luta, não é isso. Se o amor está vivo, haverá conflito também. Às vezes, haverá momentos de raiva também. Isso simplesmente mostra que o amor é um fenômeno vivo. Às vezes, tristeza... porque onde quer que exista alegria, a tristeza fatalmente vai estar.

Apenas no casamento não existe nenhuma tristeza, porque não existe felicidade também. Um simplesmente tolera o outro; é um arranjo, é um fenômeno arranjado. Quando você realmente se joga na vida, a raiva também aparece, mas, quando você ama uma pessoa, você aceita a raiva. Quando ama uma pessoa, você aceita a tristeza dela também. Às vezes você se afasta apenas para se aproximar novamente. Na verdade, há um mecanismo profundo por trás disso: os amantes brigam para se apaixonar de novo e de novo, para que possam ter pequenas luas de mel vezes e vezes sem conta.

O medo paralisa. É venenoso, é suicida. Fuja, salte para longe dele!

Não tenha medo do amor. Há apenas uma coisa que se deve temer, e essa coisa é o medo. Tenha medo do medo e nunca tenha medo de qualquer outra coisa, porque o medo paralisa. É venenoso, é suicida. Fuja, salte para longe dele! Faça o que quiser, mas não se deixe paralisar pelo medo, porque essa é uma situação negativa.

Para mim, o amor não é um grande problema, porque eu olho mais longe do que você. Se você perder o amor, vai perder a meditação, e esse é o verdadeiro problema para mim. Para você pode não ser ainda um problema, porque, se o medo é o problema, então para você, nem mesmo o amor é ainda um problema, como pode pensar em meditação? Mas eu vejo toda a sequência da vida e como ela avança. Se perder o amor, você nunca poderá entrar em meditação, porque meditação é amor cósmico. Você não pode ignorar o amor.

Muitas pessoas têm tentado, e elas estão mortas nos mosteiros. Em todo o mundo muitas pessoas têm tentado. Por causa do medo elas têm tentado evitar o amor completamente, e continuam tentando encontrar um atalho que as leve diretamente do medo para a meditação.

Isso é o que os monges têm feito ao longo dos séculos, cristãos e hindus e budistas, todos os monges têm feito isso. Eles têm tentado contornar o amor completamente. A oração deles é falsa, não tem vida. A oração deles não será ouvida em nenhum lugar, e o cosmos não vai atender a essa oração. Eles estão tentando enganar todo o cosmos.

Não, a pessoa tem que passar pelo amor. Do medo, passe para o amor. Do amor você vai passar para a devoção, para o estado de meditação e, desse estado, surge o destemor. Sem amor, medo; com amor, destemor, e o destemor final é meditação porque, a partir daí, nem mesmo a morte é temida, a partir daí a morte não existe. Você está tão profundamente em sintonia com a existência – como pode existir medo?

Então, por favor, não fique obcecado com o medo. Basta saltar para fora dele e fazer um movimento na direção do amor.

E não espere, porque ninguém está interessado em você; se você esperar, pode continuar esperando indefinidamente.

Isto é o que eu observo: você não pode se desviar do amor, você vai estar se suicidando. Mas o amor pode se desviar de você se ficar simplesmente à espera. Mexa-se! O amor deve ser apaixonado, vivo, vital! Só então você vai atrair alguém na sua direção.

Morto, quem se importa com você? Morto, as pessoas gostariam de se livrar de você. Morto, você se torna um fenômeno enfadonho, um tédio. A toda sua volta, você carrega tanta poeira de tédio que qualquer um que se aproxime vai achar que é um azar tê-lo conhecido.

Seja amoroso, vital, destemido – e mexa-se! A vida tem muito para dar a você se não tiver medo. E o amor tem mais a lhe dar do que a vida, porque o amor é o próprio centro desta vida. E a partir desse centro você pode passar para a outra margem.

Eu chamo isso de "os três passos": vida, amor e luz. A vida já está aqui. O amor, você tem que atingir. Você pode perder, porque ele não é dado a você; é preciso cultivá-lo. A vida é um fenômeno; você já está vivo. Então, a evolução natural para. O amor você tem de encontrar. Claro que existem perigos, riscos, mas todos o tornam mais bonito. Você tem que encontrar o amor e, quando encontrar o amor, só então poderá encontrar a luz. Então o espírito de devoção, de meditação surge. Isso acontece com muitas pessoas que amam, mas as pessoas que amam são muito raras... Quando sentem um amor profundo, de repente caem num estado meditativo. Apenas sentados ao lado um do

> Vire as costas para o medo e avance na direção do amor.

outro em silêncio, segurando a mão um do outro, ou deitados juntos numa praia, de repente os amantes sentem uma vontade, um desejo de ir além.

Portanto, não preste muita atenção ao medo, porque isso é perigoso. Se prestar muita atenção ao medo, você o estará alimentando e ele vai crescer. Vire as costas para o medo e avance na direção do amor.

5

Encontre um caminho para o destemor: ideias e meditações*

O medo só existe no mecanismo da mente. Você vai ter que aprender a se separar desse mecanismo. Ficamos tão identificados com esse mecanismo que nos esquecemos completamente de manter essa distância. É apenas a mente, e a mente nada mais é que todos os condicionamentos dados a você pelos outros.

Basta começar a observar um pouco. Por exemplo, você vê uma rosa e imediatamente diz: "É linda!" Analise, observe: de quem são as palavras que você está repetindo? Essa é a sua experiência aqui e agora, neste momento, essa afirmação de que a flor é bela? É realmente a sua experiência agora ou você está apenas repetindo as palavras de alguém que ouviu na infância ou que leu

---

* Alguns trechos deste capítulo são propositalmente repetições de trechos já mencionados em capítulos anteriores. (N.T.)

num livro? Um professor, um pai, um amigo... Basta lembrar e você vai se surpreender com o que encontrar. Se olhar profundamente, conseguirá descobrir. "Sim, foi uma pessoa em particular que disse isso pela primeira vez. 'Olhe, que linda flor!'" Isso se tornou parte da sua programação, e desde então você vem repetindo isso. E quanto mais você repete, mais arraigado isso fica. Agora é quase como a gravação de uma fita: você vê a flor, o estímulo vem e imediatamente a resposta lhe ocorre e a fita começa a tocar. Ela diz: "Que linda!" Não é você que está dizendo que é linda. Você não consegue nem ver a flor, porque a programação entra na frente.

O medo também não vem do seu ser. Veja-o, analise-o, mergulhe nele, e você ficará surpreso ao descobrir quem o ensinou. Foi alguém na sua infância que fez você ficar com medo do amor, medo de estranhos, medo do desconhecido, daí essas vozes. E você será capaz de descobrir de quem são essas vozes – da sua mãe, do seu pai... e eu não estou dizendo que eles estavam errados. Na época em que disseram, essas afirmações eram relevantes. Mas agora são irrelevantes. Você cresceu, agora esses programas não têm mais a ver. Esses programas são apenas ressaca do passado. Mas eles continuam, porque a mente não sabe apagá-los, a menos que você fique muito consciente e apague-os você mesmo.

A mente não pode apagar seus programas automaticamente. A mente só sabe ser programada; não tem capacidade para se desprogramar. Esse é um dos problemas mais básicos que se pode encontrar. E é nisso que consiste o meu trabalho, ajudar você a tomar consciência da programação, de modo que possa fazer a separação e ver que você não é o programa. Então, quando a distância for grande o suficiente, você será capaz de apagar vários programas que se tornaram simplesmente obsoletos, que não fazem mais sentido, mas serão desenvolvidos e levados para a morte se você não se separar deles.

Minha própria observação é que, em algum momento perto da idade de 5 anos, a criança se identifica com a sua mente programada. E é apenas até essa idade que ela está realmente viva, porque ainda não foi programada. Depois disso, ela se torna apenas um mecanismo.

Em torno da idade de 5 anos, todo aprendizado verdadeiro se interrompe. A pessoa continua repetindo o programa de formas cada vez melhores, mais hábeis, mais eficientes, mas é basicamente o mesmo programa até a morte... a menos que por acaso você se depare com uma situação, um campo de energia, em que possa ser conscientizado – quase forçado a se tornar consciente de todo esse absurdo que sua mente está fazendo com você.

Sempre que você encontra algo novo, a sua mente diz: "Espere aí! Isso é muito estranho, você nunca fez isso antes". A mente diz: "Seja o que for que você nunca tenha feito antes, não faça, é arriscado. Quem pode saber que resultado trará?" A mente é sempre ortodoxa, porque vive por meio de programas. Ela quer que você faça apenas aquilo que já vem fazendo, porque você já é eficiente nisso, já é entendido. É mais seguro, você sabe como fazer. Agora, encarar uma situação estranha? Quem sabe o que pode acontecer? Quem sabe se é certo ou não? Então, cuidado! A mente diz: "Siga o antigo programa e continue a viver como sempre viveu até agora. Continue com a mesma rotina e haverá menos possibilidade de errar".

A mente quer evitar erros e a vida não quer evitar erros. Ela quer passar por eles, para que muito mais possa ser aprendido, porque nós aprendemos apenas por tentativa e erro. Se pararmos de cometer erros, paramos de aprender, também. E a minha experiência é que as pessoas que param de aprender ficam neuróticas, a neurose é uma espécie de não aprendizagem. A pessoa fica com medo de aprender mais, então começa a seguir a mesma rotina. Ela está cansada, entediada, mas continua seguindo a mesma rotina, porque já se acostumou a ela; ela é familiar, é conhecida.

Se o medo surge, isso é simplesmente um sinal de que algo está indo contra o programa que você seguiu até agora. Você entrou numa situação em que vai ter de começar a aprender novamente. Isso significa que terá que largar a sua neurose. Isso significa que tudo o que você fez desde a infância até agora, a partir da idade dos 5 anos até agora, tem de ser lentamente apagado e abandonado... de modo que você se torne criança novamente e comece a partir de onde o processo de aprendizagem parou.

Se você se aprofundar na meditação, ou o medo ou o amor vão se tornar a porta. Se a morte tem sido reprimida, então o medo será a porta. Se o sexo tem sido reprimido, então o amor será a porta. Por exemplo, nas civilizações orientais, em que o sexo foi reprimido – e ainda é –, a primeira coisa que a mente enfrenta na meditação é um aumento profundo da energia sexual, pois, ao entrar em meditação, tudo o que é reprimido vem à tona.

Se você não tem nenhuma repressão sexual, o medo vai vir à tona. A coisa mais reprimida e considerada tabu na maioria das culturas ocidentais é a morte, então você tem que ficar profundamente relaxado para permiti-la. Depois que o medo é permitido, logo se tornará morte, você terá que passar por um momento de morte. Depois que sexo e a morte não são mais tabu, a pessoa fica livre.

Esses são os dois truques para escravizar a humanidade. Depois que nenhum dos dois existir mais, você é só liberdade. Não que você fique livre, você *é* a liberdade.

Sem fugir

Você vai fugir das pessoas se estiver carregando algo falso dentro de você. Não vai permitir que ninguém seja amigável ou tenha intimidade com você, porque na intimidade o perigo é que o outro possa ser capaz de ver algo que estranhos não podem. Você vai manter as pessoas a distância, vai correr para ficar longe das pessoas. Você terá apenas relações formais, mas na verdade não vai se relacionar, porque se relacionar significa se expor.

Por isso seus chamados santos fugiam para mosteiros. Era por medo. Se eles estivessem no mercado, em meio a outras pessoas, seriam pegos; elas descobririam que estão enganando, que estão ludibriando, que são hipócritas. Nos mosteiros, eles podem manter a sua hipocrisia e ninguém nunca vai ser capaz de detectá-la. E, além disso, existem outros hipócritas lá; eles podem manter sua conspiração juntos com mais facilidade do que se cada hipócrita se mantivesse sozinho.

Os mosteiros foram criados para os escapistas. Mas você pode viver até mesmo no mundo de uma forma monástica, mantendo as pessoas sempre a uma certa distância, não permitindo que ninguém tenha acesso ao seu ser interior, não se abrindo, nunca permitindo que qualquer pessoa dê uma espiada para ver quem você é, nunca olhando nos olhos das pessoas, evitando os olhos delas, só olhando para os lados. E sempre com pressa, de modo que todo mundo saiba que você está tão ocupado que não tem nem um instante para dizer olá, para dar a mão a alguém, para se sentar com alguém informalmente. Você está muito ocupado, está sempre em movimento. Você não vai permitir a intimidade nem mesmo com aqueles que estão perto de você – marido, esposa, filho –, com eles você também vai ter uma relação formal, uma relação institucional.

Autoconsciência ou autopercepção?

Temos dois termos que são muito diferentes, mas que, à primeira vista, parecem muito semelhantes. Um deles é a autoconsciência, o outro é a autopercepção. Linguisticamente, o significado pode parecer o mesmo, mas, do ponto de vista existencial, há uma grande diferença. A autoconsciência* é uma doença. A ênfase recai sobre o eu. Você fica autoconsciente somente quando está nervoso, com medo. Se de repente você tem que fazer uma entrevista, fica constrangido ou, se de repente pedirem que você faça um discurso num palco, fica inibido. Ficar de frente para tantas pessoas, todas olhando para você, cria um grande temor dentro de você.

Dizem que a mente funciona do momento em que você nasce até o dia em que sobe num palco para falar, então ela para! De repente, você tem um branco. De repente, todos os pensamentos desaparecem. Esses são os únicos momentos em que você conhece o não pensamento. Mas você não aproveita, porque está com muito medo, tremendo e suando. Isso é autoconsciência. Na autoconsciência, a consciência não é importante, o *ego* é importante, é por isso que você está tremendo. Você quer passar uma certa imagem e agora está com medo de não conseguir controlá-la. Diante de tantas pessoas você fica com medo de que algo dê errado, que você se exponha, que não seja tão inteligente, que não seja a pessoa que finge ser, que fique quase nu diante dos olhos que o estão fitando como raios X. Você fica muito preocupado com o ego, em como proteger o seu ego. Isso é uma espécie de doença.

A autopercepção é totalmente diferente. Não tem nada a ver com o ego. Você tem dois eus. Um deles é o falso, o ego, que é apenas uma crença. Se olhar profundamente dentro dele, você não vai encontrar nada em lugar nenhum. O outro é o seu

---

* Em inglês, *self-consciousness* também significa "constrangimento, inibição, acanhamento", e é a esse sentido que Osho se refere. (N.T.)

verdadeiro eu, sua face original, sua natureza essencial. Estar consciente dele é estar consciente do tremendo mistério que é a vida. E a única porta passa por você. Você não pode abordar esse mistério a partir de nenhum outro lugar, porque a coisa mais próxima desse mistério é o seu próprio ser, o seu próprio coração. Você tem que entrar a partir dali.

Depois de ter conhecido o mistério da vida através do seu próprio ser, você vai conhecê-lo em todos os lugares. Depois de tê-lo conhecido dentro de você, vai conhecê-lo fora também. Mas o primeiro trabalho tem de ser feito em seu mundo interior. Você tem que se tornar um laboratório, um grande experimento. Você é a experiência, você é o instrumento do experimento, o laboratório, tudo, porque dentro de você não há mais ninguém, mais nada. Você é tudo: o experimentador, o que é experimentado e o experimento.

Depois que você começar a avançar para a subjetividade do seu mundo interior, para a sua interioridade, você lentamente conhece o milagroso. E conhecer o miraculoso é conhecer o que vale a pena; do contrário, você vai apenas acumular conhecimento, que é inútil, que é simplesmente lixo.

Com medo de ser silencioso

As pessoas falam o tempo todo – blá blá blá blá! E a razão pela qual falam é que têm medo de ficar em silêncio, têm medo de ver a verdade, têm medo de ver o seu vazio absoluto, têm medo de se expor, têm medo de olhar profundamente para o outro. A conversa contínua as mantêm na superfície, ocupadas, envolvidas.

Ao segurar a mão da sua mulher ou do seu homem, por que não se sentar em silêncio? Por que não fechar os olhos e sentir? Sinta a presença do outro, entre na presença do outro, deixe que a presença do outro entre em você; vibrem juntos, oscilem juntos; se de repente uma grande energia possuir vocês, dancem juntos e vocês vão chegar a picos orgásmicos de alegria como nunca conheceram antes. Esses picos orgásmicos não têm nada a ver com sexo, na verdade eles têm muito a ver com silêncio.

E se também conseguir se tornar meditativo na sua vida sexual, se conseguir ficar em silêncio enquanto fizer amor, numa espécie de dança, você vai se surpreender. Você tem um processo interior para levá-lo à margem mais distante.

As pessoas fazem amor de uma forma tão feia que, se acontece de as crianças verem os pais fazendo amor, pensam que eles estão brigando, lutando um com o outro – que o papai vai matar a mamãe! Gemendo, respirando ruidosamente, com violência, os movimentos não têm nenhuma elegância. Não é uma dança, certamente não é uma dança.

E a menos que o sexo se torne uma dança, ele permanecerá apenas fisiológico, sem nenhuma espiritualidade. Mas é impossível. A menos que toda a sua vida esteja saturada desses momentos que surgem quando a mente cessa, sua vida amorosa não poderá mergulhar no silêncio.

A noite é cheia de estrelas. Deite-se na terra, desapareça dentro da terra. Nós viemos da terra, um dia vamos voltar para a terra e descansar para sempre. À noite, às vezes, deitado na grama, desapareça na terra. Olhe para as estrelas, só olhe, um olhar puro. Não comece a pensar no nome das estrelas, no nome das constelações. Esqueça tudo que você sabe sobre as estrelas, coloque de lado todo o seu conhecimento, basta ver as estrelas. E, de repente, haverá uma comunhão; as estrelas começarão a derramar luz sobre você e você vai sentir uma expansão da consciência. Nenhuma droga pode fazer isso.

As drogas são métodos muito artificiais, arbitrários e prejudiciais para conhecer algo que está disponível naturalmente, que é benéfico e fácil de obter. Basta observar as estrelas, você vai começar a se sentir enlevado, vai começar a voar alto.

Aproveite ao máximo todas as oportunidades que a vida e a existência lhe permitem. Nunca perca uma única oportunidade para se soltar da mente, e lentamente, muito lentamente, você vai pegar o jeito. É questão de jeito – certamente não é uma ciência, porque não tem métodos fixos.

Uma pessoa pode ficar fascinada com as estrelas, outra pode não ficar. Uma pessoa pode ficar fascinada com as flores, outra pode não se sentir nem um pouco afetada. As pessoas são tão diferentes que não há como determinar isso de uma forma científica; não é uma ciência. Nem sequer é uma arte, porque uma arte pode ser ensinada.

Por isso, eu insisto na palavra "jeito". É uma questão de "jeito". É preciso aprender isso fazendo algumas experiências com você mesmo.

Seja o que for que o assuste, encare de frente

Seja o que for que o assuste, encare de frente. Basta colocar de lado todas as medidas de segurança, todas as proteções; apenas se jogue. Toda a vida pertence ao jogador, e toda a mente se tornou um homem de negócios: calcula, pensa em ganhos e perdas, sem nunca correr riscos – e o risco é necessário. A vida se apresenta para aqueles que arriscam, que vivem perigosamente, quase à beira da morte.

Essa era a atração que exercia no passado a profissão de soldado, de guerreiro. A atração não era a guerra, mas o perigo, exatamente por ficarem lado a lado com a morte. Isso dá a você uma cristalização, e chega um momento em que não resta nenhum medo.

Basta imaginar um ponto em que não haja nenhum medo em você. Isso é liberdade, o que os hindus chamam de *moksha* – liberdade absoluta. O medo é uma escravidão. Não há outra escravidão que não seja o medo... O medo é a prisão. Ninguém está prendendo você... é o seu próprio medo, e você continua se escondendo atrás das paredes. Você ficou aleijado e não pode sair em campo aberto. Seus olhos ficaram cegos porque você viveu muito tempo na escuridão, então sempre que sai ao encontro da luz ela o ofusca.

Sempre que chega perto do medo, você está perto da porta. O medo é simbólico. Ele diz, agora fique atento e não entre aqui; a morte é aqui. Mas a morte é a porta – para a iluminação, para tudo o que é belo e verdadeiro. Aprenda a morrer, que é a única maneira de conseguirmos uma vida mais e mais abundante.

A vida só surge no risco, no perigo. Quando o perigo está ali, ao seu redor, algo em você se cristaliza, pois esse perigo muda você. O perigo cria uma situação em que você tem que se tornar uno. Você não pode continuar pensando, tem que suspender o pensamento.

Você já observou que, quando de repente nos deparamos com uma cobra na estrada, o pensamento para? Imediatamente o pensamento se interrompe – a mente fica vazia, porque a situação é tão perigosa que você não pode se dar ao luxo de pensar. O pensamento requer tempo, e a cobra está lá e não vai esperar... ela pode dar o bote.

Então você tem que fazer algo sem pensar. Tem que se mover sem a mente, você dá um salto para trás – não que você decida saltar; você salta sem nenhuma decisão por parte da mente. Depois de ter dado o salto, a mente volta e você começa a pensar em muitas coisas. Pode esquecer que o salto aconteceu a partir da meditação, que foi espontâneo.

Sempre que há perigo, o pensamento para. Pensar é um luxo. Quando as pessoas ficam muito seguras, elas pensam muito – um burburinho sem nenhum valor, muito barulho por nada. Essa conversa interna torna-se uma barreira em todos os sentidos – ela se torna um peso morto. Não permite que você veja, não permite que ouça, não permite que viva, não permite que ame. O medo mata as pessoas antes da morte. Um homem morre mil e uma vezes antes da morte. A morte real é bonita, mas a morte que teme projetos é a coisa mais feia que existe.

Então, da próxima vez, faça disto uma chave: sempre que o medo surgir, isso significa que você está em algum lugar perto do bloco que tem de ser quebrado – ele está ali, em algum lugar perto da porta. Bata com tudo e entre. Seja tolo e entre. Não tente ser inteligente – seja tolo e muita coisa será possível.

Cuidado com os dois extremos

Estas duas coisas têm de ser lembradas, são dois extremos. Ou as pessoas começam reprimindo seu medo e tentando mostrar uma certa bravura, alguma coragem – que vai ser falsa, porque lá no fundo elas têm medo –, ou elas têm tanto medo que ficam paralisadas, e o medo se torna um obstáculo. Dos dois jeitos o medo vai detê-las. O caminho certo é aceitá-lo, de modo que não seja preciso reprimir. Aceite sua naturalidade, isso é natural, é inevitável que seja assim. Aceite o fato e siga em frente, ignore isso. Não reprima esse medo e não se deixe prejudicar por isso. Apesar do medo, siga em frente. Tremendo, é claro, porque o medo está lá, mas siga em frente. Tremendo, mas continue correndo em direção ao abismo.

Não imponha o destemor, porque um destemor imposto é uma coisa "pseudo", uma falsificação. Não tem nenhum valor. Então, basta ser natural, autêntico, sincero. Tome nota de que o medo está presente, mas ainda assim siga em frente. Isso é o que quero dizer quando sugiro que vá apesar do medo. Tremendo, tudo bem, com as pernas bambas, tudo bem – mas seguindo em frente! Trema como uma folhinha nova sob o vento forte.

Você já viu a força de uma folhinha nova? Tão frágil, tão fraca, e ainda assim tão forte! Mesmo quando a tempestade se enfurece, a folha continua a tremer, mas você já viu a beleza? O medo está presente, porque o medo está sempre presente quando algo está vivo. Apenas numa coisa morta não existe medo. O medo está lá, a tempestade ruge e a folha é pequena e delicada, suave e macia. Ela pode ser esmagada com tanta facilidade, mas você já viu a força que ela tem? Ainda assim, continua dançando, cantando. Ainda assim, continua confiando na vida.

Então, seja suave, seja terno, seja delicado; tenha medo, mas nunca se deixe deter por isso, e não reprima esse medo. Aceite as limitações, as limitações humanas, mas ainda continue se esforçando para superá-las. É assim que se cresce.

Não tenha pressa

O medo pode ser dissipado, mas não tenha pressa para se livrar dele; caso contrário, você vai reprimi-lo. Seja paciente, olhe para ele, tente compreendê-lo. Aceite-o como parte de você. Não diga que ele é algo feio que se agarrou a você, isso é rejeitá-lo e rejeitá-lo não vai ajudar. Ele é simplesmente uma parte de você. Assim como o amor também é, por isso o medo; ele é parte de você, assim como a raiva.

Nunca rejeite nenhuma emoção, porque todas essas emoções constituem você e todas elas são necessárias. É claro que nenhuma emoção deve tornar-se uma obsessão; elas devem ser uma espécie de orquestra dentro de você, cada uma deve permanecer na sua devida proporção. Nenhuma emoção deve oprimi-lo, só isso é importante lembrar. Mas nenhuma emoção deve ser rejeitada em sua totalidade.

O medo tem seu papel – ele é necessário, sem ele você vai perder alguma coisa, mas não deve se tornar uma fobia. A pessoa tem que manter o equilíbrio.

Existem pessoas tão cheias de medo que esse sentimento se espalha por todo o seu ser; isso é patológico. E há pessoas que têm tanto medo do medo que elas o reprimem, elas o condenam, elas o rejeitam tão completamente que se tornam quase como rochas. Isso também é patológico. O medo tem o seu próprio papel na economia interna, ele tem algo de imensa importância a contribuir.

Pode ser que na sua vida o medo seja às vezes um pouco excessivo, mas não vá para o outro extremo, não o rejeite completamente. Ele tem que ser levado a um equilíbrio natural com outras emoções; tem que permanecer em harmonia com elas.

Então, primeiro abandone a ideia de se livrar do medo. Em segundo lugar, aceite-o; ele é parte de você. E em terceiro lugar, encare-o de frente, observe-o; tente entender por que ele existe e o que ele é. Se fizer essas três coisas, você vai colocá-lo em equilíbrio. Seu medo não vai desaparecer, mas não vai ser excessivo também. Ele será exatamente na dose de que você precisa.

Não faça do destemor uma meta

A meta é o truque da mente para criar infelicidade. Crie uma meta e logo você está infeliz porque vai começar a ficar ansioso: "Como vou conseguir atingir essa meta? Eu não consegui ainda". Você continua tentando, tentando, e nunca alcança. Continua infeliz e deixando de ver todas as alegrias da vida, porque seus olhos estão focados no futuro. Você está aqui e seus olhos estão focados no futuro.

Tente entender isto: o corpo existe aqui, mas a mente não está aqui. Essa é a dicotomia, esse é o problema. Quando você bebe água, o corpo bebe aqui e agora. O corpo não pode beber água no futuro, não pode beber água no passado, porque o passado não existe mais, o futuro ainda não aconteceu. Quando sente fome, você sente fome aqui e agora. E eu não estou falando sobre a fome que a mente pode criar; estou falando sobre a fome física. O corpo está sempre no presente e a mente nunca está no presente, nunca! Por isso surge a ansiedade, e a sensação de que você está sendo puxado em duas direções diferentes. A mente continua correndo para o futuro e o corpo fica aqui. Então a mente começa a condenar o corpo, como se o corpo fosse letárgico, lento, não conseguisse manter o ritmo.

O corpo simplesmente está aqui, ele não é letárgico. E a mente tem que aprender uma coisa: voltar para o corpo. Saia de sua mente, mergulhe nos seus sentidos e você também vai ter essa confiança, essa alegria. Nenhum deus é necessário para lhe dar alegria, nenhuma verdade é necessária para lhe dar alegria e significado. Só é necessário que a distância entre o seu corpo e a sua mente seja superada, e esse é um processo simples. Mas não faça disso uma meta. Se fizer, novamente o mesmo problema vai entrar pela porta dos fundos.

Basta compreender! Então, de repente você tem toda a sua energia disponível; você fica confiante, fica feliz e começa a avançar sem medo. Não que a insegurança desapareça; a insegurança permanece. Ela faz parte da vida, está embutida. Aquelas pessoas que pensam que estão seguras são simplesmente tolas; ninguém pode estar seguro enquanto está vivo. Você só ficará seguro quando estiver na sepultura, nunca antes disso. Como você pode ficar seguro? A doença é um risco, a morte é um risco, um amigo pode morrer, o ser amado pode ir embora. Como você pode estar seguro? O banco pode falir, você pode ir à bancarrota, pode ser despedido, pode perder a visão, pode ficar aleijado, paralisado. Mil e uma coisas estão por toda parte, como você pode estar seguro?

Mas a própria ideia de ficar seguro é que cria o problema. Eu ajudo as pessoas a começar a apreciar a insegurança. Não que eu as torne seguras, como eu poderia? Ninguém pode fazer isso e nem seria bom. Mesmo que alguém pudesse fazer isso, não deveria, porque, quando um homem está seguro, ele está morto; não pode mais viver.

A vida vem acompanhada da morte. Se você inspira, terá que expirar; você não pode dizer: "Eu só vou inspirar". As duas coisas vêm juntas, inspirar, expirar. A vida está inspirando, a morte está expirando. O amor está inspirando, o ódio está expirando. A alegria está inspirando, a tristeza está expirando. O casamento está inspirando, o divórcio está expirando; eles vêm juntos!

Agora, se você quiser um casamento sem divórcio, o casamento vai ser de plástico; ele não terá nenhuma alegria. Você estará seguro, mas não haverá alegria, porque como você pode ser feliz com uma coisa morta? Se você quer que sua esposa fique viva, então existe o risco. Uma mulher viva é uma mulher perigosa; ela pode se apaixonar por outro, quem sabe? Uma pessoa viva é uma pessoa com vida; o amor pode acontecer novamente! Se você está vivo, pode cair de amores por outras mulheres. A vida não conhece leis, não há moralidades.

Apenas a morte pode ser controlada, por isso, quanto mais morto você está, mais facilmente pode ser controlado. Então você continua a ser um marido ou uma esposa, isso e aquilo, e as coisas pelo menos parecem seguras. Uma casa de classe média, uma poupança, um carro na garagem, uma mulher, um homem, filhos, um bom emprego, e a pessoa se sente segura. Mas isso é segurança? A segurança não é possível; apenas confortos são possíveis. Esses são confortos, não significam segurança, e podem ser tirados de você, podem ser levados.

A única segurança possível é começar a apreciar a insegurança. Isso parece paradoxal, mas tudo o que é verdadeiro na vida é sempre paradoxal. A verdade é um paradoxo. Ame a insegurança e ela desaparece. Não que você fique seguro, mas, se você começa a amar e apreciar a insegurança, por que vai se preocupar? Não existe nenhuma preocupação, nenhuma ansiedade com relação à insegurança. A pessoa na verdade fica eletrizada. Fica empolgada, quer saber o que o amanhã vai trazer. E permanece aberta.

Medo de expirar

Morte e vida são duas polaridades da mesma energia, do mesmo fenômeno, a maré e a vazante, o dia e a noite, o verão e o inverno. Elas não estão separadas e não são opostas, não são contrárias; são complementares. A morte não é o fim da vida. Na verdade, é o que complementa uma vida, é o seu ápice, o clímax, o *gran finale*. E depois que você conhece a sua vida e o seu processo, então entende o que é a morte.

A morte é uma parte orgânica, integrante da vida, e é muito amigável à vida. Sem ela a vida não pode existir. Ela só existe por causa da morte, a morte é um pano de fundo. A morte é, na verdade, um processo de renovação. E a morte acontece a todo momento. No momento em que você inspira e no momento em que expira, ambas acontecem. Inspirando, a vida acontece; expirando, a morte acontece. Por isso, quando uma criança nasce, a primeira coisa que ela faz é respirar, então a vida começa. E quando um velho está morrendo, a última coisa que ele faz é expirar, então a vida se acaba. Expirando é a morte, inspirando é a vida, são como as duas rodas de uma carroça. Você vive expirando tanto quanto vive inspirando. A expiração faz parte da inspiração; você não pode inspirar, se parar de expirar. Você não pode viver se não morrer.

O homem que compreendeu que sua vida é permitir que a morte aconteça, recebe-a de braços abertos. Morre a cada momento e a cada momento é ressuscitado. Sua cruz e sua ressurreição estão continuamente acontecendo como um processo. Ele morre para o passado a cada instante e renasce para o futuro.

Se você analisar a vida, conseguirá saber o que é a morte. Quando entender o que é a morte, só então será capaz de entender o que é a vida. Elas são orgânicas. Normalmente, por medo, criamos uma divisão. Nós achamos que a vida é boa e a morte é ruim. Achamos que a vida tem que ser desejada e a morte precisa ser evitada. Achamos que de alguma forma temos de nos proteger contra a morte. Essa ideia absurda cria um sofrimento sem fim na nossa vida, porque uma pessoa que se protege contra a morte é incapaz de viver. Ela é a pessoa que tem medo de expirar, então não consegue inspirar e fica sufocada. Então ela simplesmente se arrasta; a vida dela não é mais um fluxo, a vida dela não é mais um rio.

Se realmente quer viver, você tem que estar pronto para morrer. Quem tem medo da morte em você? A vida tem medo da morte? Não é possível. Como a vida pode ter medo do seu próprio processo integral? Outra coisa tem medo em você. O ego tem medo em você. A vida e a morte não são opostas, o *ego* e a morte são opostos. A vida e a morte não são opostas, o *ego* e a vida são opostos. O ego é contra a vida e a morte. O ego tem medo de viver e o ego tem medo de morrer. Ele tem medo de viver porque cada esforço, cada passo, em relação à vida, traz a morte para mais perto.

Se está vivo, você está cada vez mais perto de morrer. O ego tem medo de morrer, por isso tem medo de viver também. O ego simplesmente se arrasta pela vida.

Existem muitas pessoas que não estão nem vivas nem mortas. Isso é pior do que qualquer coisa. Um homem que está totalmente vivo está cheio de morte também. Esse é o significado de Jesus na cruz. Jesus carregando sua própria cruz não foi compreendido, na verdade. E ele diz aos seus discípulos: "Você vão ter que carregar sua própria cruz". O significado de Jesus carregando a própria cruz é muito simples, não é nada mais que isso: todo mundo tem que carregar a morte continuamente, todo mundo tem que morrer a cada momento, todo mundo tem que estar na cruz, porque essa é a única maneira de viver plenamente, totalmente.

Sempre que você chegar a um momento de total vitalidade, subitamente verá a morte ali também. No amor isso acontece. No amor, a vida chega a um clímax, por isso as pessoas têm medo do amor.

Eu sempre me surpreendo quando as pessoas me procuram, dizendo que têm medo do amor. Por que medo do amor? É porque, quando você realmente ama alguém, seu ego começa a deslizar para fora e derreter. Você não pode amar com o ego. O ego torna-se uma barreira e, quando você quer deixar cair a barreira do ego, ele diz: "Isso vai matá-lo. Cuidado!"

A morte do ego não é a sua morte; a morte do ego é na verdade a sua possibilidade de vida. O ego é apenas uma crosta sem vida em torno de você, tem que ser quebrada e jogada fora. Ela se forma naturalmente, assim como acontece com um viajante. A poeira se acumula em suas roupas, em seu corpo, e ele tem que tomar um banho para se livrar da poeira.

À medida que avançamos no tempo, a poeira das experiências, do conhecimento, da vida vivida, do passado, acumula-se. Essa poeira se torna o nosso ego. Acumulada, a poeira se torna uma crosta em torno de você, que tem de ser quebrada e jogada fora. A pessoa tem que tomar banho todos os dias, na verdade a cada momento, de modo que essa crosta nunca se torne uma prisão.

Se o medo surgir, aceite-o

Se o medo surgir e você começar a *fazer* algo com relação a ele, um novo medo vai aparecer: o medo do medo; a coisa fica mais complexa. Então, se o medo surgir, aceite-o. Não faça nada a respeito, porque "fazer" alguma coisa não vai ajudar. Qualquer coisa que você faça por medo vai criar mais medo; qualquer coisa que você faça por confusão vai acrescentar mais confusão. Não faça nada! Se o medo aparecer, note que o medo está presente e aceite-o. O que você pode fazer? Não há nada a fazer.

"O medo apareceu." Vê? Se você simplesmente reparar no fato de que o medo está presente, onde está o medo? Você o aceitou; ele se dissolveu. A aceitação o dissipa – só a aceitação, nada mais. Se lutar com ele, você cria outra perturbação, e isso pode continuar *ad infinitum*; então isso não termina nunca.

As pessoas me procuram e dizem: "Estamos com muito medo, o que devemos fazer?" Se eu lhes der algo para fazer, elas vão fazer isso com o ser repleto de medo, portanto essa ação partirá do medo. E a ação que vem do medo não pode ser outra coisa senão medo.

Se você tem um problema, não crie outro. Continue com o primeiro, não lute com ele para não criar outro. É mais fácil resolver o primeiro problema do que resolver um segundo, e o primeiro está mais próximo da fonte. O segundo estará mais afastado da fonte e, quanto mais distante da fonte, mais impossível se torna solucioná-lo.

Se você tem medo, tem medo e pronto, por que fazer disso um problema? Então você sabe que tem medo, assim como sabe que tem duas mãos. Por que criar um problema por causa disso, como se você não tivesse apenas um nariz, mas dois? Por que fazer disso um problema? O medo está lá, aceite-o, repare nele. Aceite-o e não se preocupe com isso. O que vai acontecer? De repente, você vai sentir que ele desapareceu.

Esta é a alquimia interior: um problema desaparece se você o aceita, um problema fica mais e mais complexo se você cria um conflito por causa dele. Sim, o sofrimento existe e de repente o medo vem – aceite-o; ele existe e nada pode ser feito com relação a isso. E quando digo que nada pode ser feito com relação a isso, não pense que estou falando porque sou pessimista. Quando eu digo que nada pode ser feito com relação a isso, estou dando a você uma chave para resolvê-lo.

O sofrimento existe – ele faz parte da vida e faz parte do crescimento, não há nada de ruim nele. O sofrimento torna-se um mal só quando é simplesmente destrutivo e não criativo; o sofrimento se torna ruim apenas quando você sofre e não ganha nada em troca. Mas eu estou dizendo a você que a consciência pode ser adquirida através do sofrimento e, assim ele se torna criativo.

A escuridão é bonita se a aurora surgir a partir dela em breve; a escuridão é perigosa se for infinita, se não conduzir à aurora, se simplesmente continuar e virar rotina, um círculo vicioso. Isso pode acontecer se você não estiver alerta – se apenas fugir de um sofrimento, você cria outro; então, para escapar de outro, cria mais um. E isso continua indefinidamente, e todos os sofrimentos que você não viveu ainda estão esperando por você. Você escapou, mas simplesmente escapou de um sofrimento para cair em outro, porque a mesma mente que estava criando um sofrimento vai criar outro. Você pode escapar desse sofrimento para aquele, mas o sofrimento ainda estará lá porque sua mente é a força criativa.

Aceite o sofrimento e passe por ele; não fuja. Essa é uma dimensão totalmente diferente em que se trabalhar. O sofrimento existe – encontre-o, passe por ele. O medo vai surgir – aceite-o. Você vai tremer – tremer muito! Por que fingir que não treme, que não está com medo? Se você é covarde, aceite isso.

Todo mundo é covarde. Pessoas que você considera corajosas estão apenas fingindo. No fundo, elas são tão covardes quanto qualquer outra pessoa; na verdade, são mais covardes, porque apenas para esconder a covardia fizeram uma cara destemida e estão tentando agir de modo que o mundo ache que não são covardes. A bravura delas é apenas uma tela.

Como podemos ser corajosos? A morte está ali. Como podemos ser corajosos? Porque cada um de nós é apenas uma folha ao vento. Como a folha pode não tremer? Quando o vento sopra, a folha treme. Mas você nunca diz à folha: "Você é uma covarde!" Você só diz que a folha está viva. Então, quando você treme e o medo toma conta de você, você é uma folha ao vento – lindo! Por que criar problema por causa disso? Mas a sociedade tem feito de tudo um problema.

Se uma criança tem medo do escuro, dizemos: "Não tenha medo, seja corajosa". Por quê? A criança é inocente; naturalmente, ela sente medo do escuro. Você a força: "Seja corajosa!" Assim ela também se obriga. Depois, fica tensa. Então, resiste à escuridão, mas agora ela está tensa, agora todo o seu ser está pronto para tremer e ela reprime. Esse tremor reprimido irá persegui-la por toda a vida. Teria sido natural tremer na escuridão, não nada há de errado nisso. Teria sido bom chorar e correr para o pai e a mãe, não nada há de errado nisso. A criança teria saído da escuridão mais experiente, mais conhecedora. Se tivesse passado pela escuridão tremendo e chorando e soluçando, ela teria percebido que não havia nada a temer. Reprimindo, você nunca experimenta a coisa em sua totalidade, você nunca ganhar nada com isso.

A sabedoria vem através do sofrimento e a sabedoria vem através da aceitação. Seja qual for o caso, fique à vontade com isso.

Não ligue para a sociedade e a sua condenação. Ninguém tem o direito de julgá-lo e ninguém pode bancar o juiz. Não julgue as outras pessoas e não fique perturbado nem incomodado por causa do julgamento dos outros. Você está sozinho e você é único. Você nunca existiu antes, nunca existirá novamente. Você é belo! Aceite isso, seja o que for que aconteça, deixe que aconteça e supere isso. Logo o sofrimento se tornará uma aprendizagem; depois, torne-se criativo.

O medo vai lhe dar destemor, da raiva virá a compaixão. Da compreensão do ódio, o amor nascerá em você. Mas isso não acontece no conflito, isso acontece quando se passa pela experiência com a consciência alerta. Aceite e siga em frente.

Nada a perder

Não há nada a temer, porque não temos nada a perder. Ninguém pode nos roubar nada, e tudo o que pode ser roubado não vale a pena, então por que o medo? Por que a suspeita? Por que a dúvida? Estes são os verdadeiros ladrões: a dúvida, a suspeita, o medo. Eles destroem a sua própria possibilidade de celebração.

Então, enquanto estiver na terra, celebre a terra. Enquanto esse momento durar, aprecie-o até o âmago. Aproveite cada oportunidade que ele puder dar a você e estiver pronto para dar a você.

Por causa do medo você perde muitas coisas. Por causa do medo nós não conseguimos amar ou, se amamos, é um amor morno, sempre meio mais ou menos. É sempre até um certo ponto e nunca além disso. Nós sempre chegamos a um ponto além do qual temos medo, por isso ficamos empacados ali. Não podemos nos aprofundar na amizade por causa do medo. Não podemos ser reverentes por causa do medo.

Há quem diga que as pessoas rezam porque têm medo. Isso é verdade, muitas pessoas rezam porque têm medo. Mas existe uma verdade ainda maior: muitas pessoas não vão a fundo na oração porque têm medo. Elas podem começar com medo, mas não vão muito longe. Só permanecem num nível formal, no clichê. Fazem uma oração formal, mas não ficam realmente comovidas, emocionadas; não é um êxtase. Elas não se deixam enlouquecer, não mergulham de cabeça. Elas se movem com muita cautela – e toda a cautela é baseada no medo.

Seja consciente, mas nunca seja cauteloso. A diferença é muito sutil. A consciência não está enraizada no medo, a cautela está enraizada no medo. A pessoa é cautelosa para que nunca possa fazer nada errado, mas desse modo não se pode ir muito longe. O próprio medo não permitirá que você experimente novos modos de vida, novos canais de energia, novas direções, novas terras; ele não deixará. Você vai sempre trilhar o mesmo caminho de novo e de novo; para lá e para cá, para lá e para cá. A pessoa vira um trem de carga.

A consciência simplesmente diz: "Tenha consciência de tudo que está fazendo, de onde está indo. Basta se manter alerta para que possa apreciar tudo até a última gota, assim nada é perdido, você está alerta".

O medo é um dos problemas mais básicos a ser enfrentar, com que se deparar. Portanto, se você sentir que o seu medo está ficando menor, deixe-o menor ainda. Ele é como as ervas daninhas de um jardim; você tem que arrancá-las o tempo todo, caso contrário invadem o jardim inteiro. Se você deixar que as ervas daninhas se espalhem, mais cedo ou mais tarde as rosas vão desaparecer, as flores vão desaparecer e só haverá ervas daninhas em todo o jardim. É preciso arrancá-las todo dia. Só então o jardim continuará bonito. Se todas as raízes forem arrancadas, então não há problema. Você pode relaxar.

Este é todo o esforço, a disciplina interior, o trabalho.

Gurdjieff costumava dizer a seus discípulos: "Descubra qual é a sua principal característica", porque é a ela que tudo está ligado. Por exemplo, a pessoa tem um sentimento de culpa, essa é a sua principal característica e tudo está ligado a ela. Se você se libertar do sentimento de culpa, todo o resto vai desaparecer por si só. E para outro tipo de pessoa, se ela largar esse medo, não restará mais nada para ela largar. Todo o resto vai desaparecer automaticamente, porque todo o resto é apenas uma consequência do medo.

Sempre que você perceber que existe medo, solte-o. E, às vezes, se for necessário, mergulhe nesse medo. Na vida não há nada que seja ruim, nada que tenha de ser temido – absolutamente nada. O que acontece é que temos certas ideias incutidas na mente, em certos momentos de fragilidade, e elas continuam se projetando. Uma criança pequena é deixada no berço. Ela está com fome e chora, olha em volta e não vê ninguém; está escuro e ninguém se aproxima. Agora, a solidão, a fome, ninguém respondendo ao seu chamado e seu choro, e o medo, tudo isso se associa.

Associa-se tão profundamente que, sempre que está no escuro, mesmo depois de cinquenta anos, ela vai começar a sentir um certo medo. Essa associação de cinquenta anos de idade ainda está viva. Agora essa pessoa não é mais uma criança, não está mais no berço, não é mais dependente da mãe, mas o medo ainda está lá, ativo e se projetando.

Então, basta observar e soltar o medo cada vez mais. Se conseguir purificar sua consciência do medo, você está no caminho certo. É aí que a viagem real de celebração começa.

A alegria é o antídoto

A alegria é o antídoto para todo o medo. O medo aparece quando você não aproveita a vida. Se você gosta da vida, o medo desaparece. Então, basta ser positivo e curtir mais, rir mais, dançar mais, cantar. Continue a ser a cada dia mais e mais alegre, entusiasmado com as coisas pequenas, coisas muito pequenas. A vida consiste em pequenas coisas, mas, se você conseguir trazer a qualidade da alegria para as pequenas coisas, a soma é gigantesca.

Não espere que nada de grandioso aconteça. Grandes coisas acontecem, não é que não aconteçam, mas não espere que algo de grandioso aconteça. Isso só ocorre quando você começa a viver as coisas pequenas, comuns, do dia a dia com uma mente nova, com novo vigor, com uma nova vitalidade, com novo entusiasmo. Então, pouco a pouco você vai acumulando, e esse acúmulo um dia explode na mais pura alegria.

Mas nunca se sabe quando isso vai acontecer. A pessoa tem apenas que ir recolhendo seixos na praia. A totalidade torna-se o grande acontecimento. Quando você recolhe um seixo, ele é só um seixo. Quando todos os seixos estão juntos, de repente, eles são diamantes! Esse é o milagre da vida. Então você não precisa pensar nessas grandes coisas.

Há muitas pessoas no mundo que perdem essa oportunidade, porque estão sempre à espera de algo grandioso. Assim não pode acontecer. Só acontece através de pequenas coisas: comer, tomar o café da manhã, caminhar, tomar banho, conversar com um amigo, ficar apenas sentado sozinho olhando o céu ou deitado na cama sem fazer nada. A vida é feita dessas pequenas coisas. Essa é a essência da vida.

Então, faça tudo com alegria e tudo se torna uma oração.

Faça tudo com entusiasmo. A palavra "entusiasmo" é muito bonita. A raiz básica significa "dado por Deus". Quando você faz algo com entusiasmo profundo, a divindade está dentro de você. A própria palavra "entusiasmo" significa aquele que está cheio de divindade. Portanto, basta trazer mais entusiasmo para a vida, e o medo e outras coisas desaparecem por conta própria.

Nunca fique incomodado com nada que seja negativo. Você acende a vela e a escuridão desaparece por conta própria. Não tente lutar contra a escuridão. Não há como lutar, porque a escuridão não existe. Como você pode lutar contra ela? Basta acender uma vela e a escuridão se vai. Então esqueça a escuridão, esqueça o medo. Esqueça todas as coisas negativas que normalmente assombram a mente humana. É necessário apenas acender uma pequena vela de entusiasmo.

Durante quinze dias, levante-se de manhã com um grande entusiasmo – com a sua divindade interior –, e com a decisão de que vai realmente viver esse dia com grande prazer. E, em seguida, comece a viver com grande prazer! Tome seu café da manhã, mas tome-o como se você estivesse tomando o próprio Deus; faça desse café um sacramento. Tome seu banho, mas a divindade está dentro de você, você está banhando o próprio Deus. Assim, seu banheiro se torna um templo e a água do banho em você é um batismo.

Levante-se todas as manhãs com uma grande decisão, uma certeza, uma clareza, uma promessa para si mesmo de que esse dia vai ser incrivelmente belo e você vai vivê-lo com grande entusiasmo. E a cada noite, quando for para a cama, lembre-se de novo de todas as coisas belas que lhe aconteceram nesse dia. Apenas a lembrança vai ajudá-las a voltar novamente no dia seguinte. Basta lembrar e depois cair no sono com a recordação dos belos momentos que viveu nesse dia. Seus sonhos vão ser mais bonitos. Eles vão transportar o seu entusiasmo, a sua totalidade, e você vai começar a viver nos sonhos, também, com uma nova energia.

Sobre **OSHO**

Osho desafia categorizações. Suas milhares de palestras abrangem desde a busca individual por significado até os problemas sociais e políticos mais urgentes que a sociedade enfrenta hoje. Seus livros não são escritos, mas transcrições de gravações em áudio e vídeo de palestras proferidas de improviso a plateias de várias partes do mundo. Em suas próprias palavras, "Lembrem-se: nada do que eu digo é só para você... Falo também para as gerações futuras".

Osho foi descrito pelo *Sunday Times*, de Londres, como um dos "mil criadores do século XX", e pelo autor americano Tom Robbins como "o homem mais perigoso desde Jesus Cristo". O jornal *Sunday Mid-Day*, da Índia, elegeu Osho – ao lado de Buda, Gandhi e o primeiro-ministro Nehru – como uma das dez pessoas que mudaram o destino da Índia.

Sobre sua própria obra, Osho afirmou que está ajudando a criar as condições para o nascimento de um novo tipo de ser humano. Muitas vezes, ele caracterizou esse novo ser humano como "Zorba, o Buda" – capaz tanto de desfrutar os prazeres da terra, como Zorba, o Grego, quanto de desfrutar a silenciosa serenidade, como Gautama, o Buda.

Como um fio de ligação percorrendo todos os aspectos das palestras e meditações de Osho, há uma visão que engloba tanto a sabedoria perene de todas as eras passadas quanto o enorme potencial da ciência e da tecnologia de hoje (e de amanhã).

Osho é conhecido pela sua revolucionária contribuição à ciência da transformação interior, com uma abordagem de meditação que leva em conta o ritmo acelerado da vida contemporânea. Suas singulares meditações ativas **OSHO** têm por objetivo, antes de tudo, aliviar as tensões acumuladas no corpo e na mente, o que facilita a experiência da serenidade e do relaxamento, livre de pensamentos, na vida diária.

Dois trabalhos autobiográficos do autor estão disponíveis:

Autobiografia de um Místico Espiritualmente Incorreto, publicada por esta mesma Editora.

Glimpses of a Golden Childhood (Vislumbres de uma Infância Dourada).

OSHO
International Meditation Resort

Localização

Localizado a cerca de 160 quilômetros a sudeste de Mumbai, na florescente e moderna cidade de Puna, Índia, o **OSHO** International Meditation Resort é um destino de férias diferente. Estende-se por 28 acres de jardins espetaculares numa bela área residencial cercada de árvores.

OSHO Meditações

Uma agenda completa de meditações diárias para todo tipo de pessoa, segundo métodos tanto tradicionais quanto revolucionários, particularmente as Meditações Ativas **OSHO**®. As meditações acontecem no Auditório **OSHO**, sem dúvida o maior espaço de meditação do mundo.

OSHO Multiversity

Sessões individuais, cursos e *workshops* que abrangem desde artes criativas até tratamentos holísticos de saúde, transformação pessoal, relacionamentos e mudança de vida, meditação transformadora do cotidiano e do trabalho, ciências esotéricas e abordagem "Zen" aos esportes e à recreação. O segredo do sucesso da **OSHO** Multiversity reside no fato de que todos os seus programas se combinam com a meditação, amparando o conceito de que nós, como seres humanos, somos muito mais que a soma de nossas partes.

OSHO Basho Spa

O luxuoso Basho Spa oferece, para o lazer, piscina ao ar livre rodeada de árvores e plantas tropicais. Jacuzzi elegante e espaçosa, saunas, academia, quadras de tênis... tudo isso enriquecido por uma paisagem maravilhosa.

Cozinha

Vários restaurantes com deliciosos pratos ocidentais, asiáticos e indianos (vegetarianos) – a maioria com itens orgânicos produzidos especialmente para o Resort **OSHO** de Meditação. Pães e bolos são assados na própria padaria do centro.

Vida noturna

Há inúmeros eventos à escolha – com a dança no topo da lista! Outras atividades: meditação ao luar, sob as estrelas, shows variados, música ao vivo e meditações para a vida diária. Você pode frequentar também o Plaza Café ou gozar a tranquilidade da noite passeando pelos jardins desse ambiente de contos de fadas.

Lojas

Você pode adquirir seus produtos de primeira necessidade e toalete na Galeria. A **OSHO** Multimedia Gallery vende uma ampla variedade de produtos de mídia **OSHO**. Há também um banco, uma agência de viagens e um Cyber Café no *campus*. Para quem gosta de compras, Puna atende a todos os gostos, desde produtos tradicionais e étnicos da Índia até redes de lojas internacionais.

Acomodações

Você pode se hospedar nos quartos elegantes da **OSHO** Guesthouse ou, para estadias mais longas, no próprio *campus*, escolhendo um dos pacotes do programa **OSHO** Living-in. Além disso, nas imediações há inúmeros hotéis e *flats*.

>   http://www.osho.com/meditationresort
>   http://www.osho.com/guesthouse
>   http://www.osho.com/livingin

Para mais informações: **http://www.OSHO.com**

Um *site* abrangente, disponível em vários idiomas, que disponibiliza uma revista, os livros de Osho, palestras em áudio e vídeo, **OSHO** biblioteca *on-line* e informações extensivas sobre **OSHO** Meditação. Você também encontrará o calendário de programas da **OSHO** Multiversity e informações sobre o **OSHO** International Meditation Resort.

Websites:

> http://OSHO.com/AllAboutOSHO
> http://OSHO.com/Resort
> http://OSHO.com/Shop
> http://www.youtube.com/OSHOinternational
> http://www.Twitter.com/OSHO
> http://www.facebook.com/pages/OSHO.International

Para entrar em contato com a
OSHO International Foundation:

> http://www.osho.com/oshointernational
> E-mail: oshointernational@oshointernational.com

GRUPO EDITORIAL PENSAMENTO

O Grupo Editorial Pensamento é formado por quatro selos:
Pensamento, Cultrix, Seoman e Jangada.

Para saber mais sobre os títulos e autores do Grupo
visite o site: www.grupopensamento.com.br

Acompanhe também nossas redes sociais e fique por dentro dos próximos
lançamentos, conteúdos exclusivos, eventos, promoções e sorteios.

editoracultrix
editorajangada
editoraseoman
grupoeditorialpensamento

Em caso de dúvidas, estamos prontos para ajudar:
atendimento@grupopensamento.com.br